BRUNO-LE-FILEUR

LES PETITES CATILINAIRES

BRUNO-LE-FILEUR

PAR

JOSEPH REINACH

TROISIÈME SÉRIE

PARIS

VICTOR-HAVARD, ÉDITEUR

168, Boulevard Saint-Germain, 168

1889

A MON AMI, COLLABORATEUR ET COMPLICE

EMMANUEL ARÈNE

J. R.

BRUNO-LE-FILEUR

I

TABLE RASE

On a vu, dans le précédent volume, qu'à la suite de l'élection de M. Boulanger à Paris de nombreux députés avaient exprimé l'avis que le cabinet Floquet, directement atteint par le scrutin du 27 janvier, incapable de lutter avec succès contre la conspiration césarienne, avait le devoir de se sacrifier et de se retirer volontairement. Le président du conseil, après quelque hésitation, décida qu'il resterait aux affaires. L'ordre du jour de la Chambre appela, le 31 janvier, la discussion de l'interpellation de M. de Jouvencel sur les mesures à prendre pour défendre la République contre la conspiration césarienne; M. Floquet profita de l'occasion pour poser la question de confiance.

CONFIANCE ?

1er février.

La Chambre, par 300 voix contre 240, a voté la confiance au ministère.

Si M. le président du conseil avait été vainqueur dans la journée de dimanche, il est probable que la Chambre eût ordonné de lui élever une statue sur le sommet de la tour Eiffel.

M. le président du conseil n'a pas eu grand'peine à enlever ce vote. Avec la crânerie qui lui est habituelle, mais qu'il a élevée à la hauteur d'une tactique parlementaire, M. Floquet a déclaré qu'il ne pourrait rester aux affaires qu'avec un ordre du jour de confiance, voté par une majorité de républicains et par une majorité numérique suffisante pour lui garantir l'avenir.

En réponse à un vigoureux et pressant discours de M. Hubbard, M. le président du conseil a même ajouté, avec un tact exquis, qu'il était tout prêt à remettre la suite des affaires au député radical de Seine-et-Oise. Le dépôt du projet de loi sur le scrutin d'arrondissement, projet annoncé depuis deux mois et que, peut-être, il eût été plus fier d'appor-

ter avant le scrutin du 27, l'annonce solennelle de
deux ou trois projets, encore en préparation, sur la
brigue électorale, le colportage et l'affichage, ont
fait le reste. La gauche radicale et l'extrême
gauche ont acclamé M. Floquet; les deux tiers de
l'union des gauches ont suivi.

Comme il l'avait annoncé, M. Paul de Cassagnac
a accablé le ministère radical de sa confiance.
« Vous avez fait, vous faites et vous ne pouvez ces-
« ser de faire nos affaires ! » a dit, avec sa brutale
franchise, le député du Gers. M. Clémenceau ne
s'est pas laissé troubler par cette déclaration.

Si le parti républicain a été battu à Paris après
l'avoir été dans le Nord, la Somme, la Charente et
la Charente-Inférieure, c'est par cette raison, qui
saute aux yeux du député momentané de la Seine
et du Var, que le cabinet a trop incliné du côté des
modérés.

L'extrême gauche a accueilli par des trépigne-
ments de joie cette énorme plaisanterie et le centre
ne s'en est pas montré trop étonné. M. Clémenceau
a affirmé ensuite, avec le même sérieux, que le radicalisme n'était pour rien dans la défaite de dimanche; c'est tout le parti républicain qui a été battu.
Si M. Jacques l'avait emporté, M. Clémenceau eût
juré ses grands dieux que le radicalisme était le sacro-saint viatique infaillible contre le césarisme.
M. Jacques est battu : M. Clémenceau tient à être
solidaire, pour une fois, de tout le parti républicain.

Cette profession de solidarité est touchante plus que je ne saurais dire.

Il est juste d'ajouter que M. Clémenceau ne donne sa confiance que sous condition à M. Floquet. Il repousse, en effet, les projets que M. le président du conseil a déposés ou annoncés. A la suite de la démarche que le bureau du Conseil municipal de Paris a faite avant-hier auprès de l'extrême gauche, M. Clémenceau est plus revisionniste que jamais.

Laisser le monopole de la revision à M. Boulanger, à M. Philippe d'Orléans et à MM. Bonaparte, fi donc ! La République est menacée, ses premières lignes ont été forcées : c'est le moment ou jamais de démanteler la citadelle.

J'ai déjà dit que les deux tiers de l'union des gauches avaient réitéré à M. Floquet l'expression d'une confiance qui pourrait et devrait s'appeler d'un autre nom. Je me permets d'adresser à l'autre tiers de ce groupe, le plus prodigieusement désintéressé qu'on ait jamais vu depuis qu'il existe des groupes parlementaires, mes plus sincères félicitations.

M. Godefroy Cavaignac et M. Casimir-Perier, dans les deux déclarations qu'ils ont portées à la tribune, ont tenu le langage de la raison et du bon sens. Ils ont voulu, non sans courage, eux dont la foi républicaine est peut-être aussi ancienne et aussi solide que celle des illustres chefs de la gauche radicale, dégager leur responsabilité de compromissions qui n'ont même plus la nécessité pour excuse et des conséquences désastreuses que la politique intransigeante, cramponnée au pouvoir, entraîne fatalement après elle.

Au vote, quarante-neuf membres du centre, dont MM. Waldeck-Rousseau, Rouvier, Jules Roche, Jules Ferry, Eugène Spuller, Ribot, Dautresme, Raynal, Steeg, Martin-Feuillée, Ricard, ont joint leurs protestations à celles de nos amis Cavaignac et Casimir-Perier.

Quant aux membres de l'union des gauches qui, hypnotisés devant le scrutin d'arrondissement, ont accordé leur confiance à M. Floquet, je me contenterai de leur conter cet apologue :

L'Union des gauches a juré de renverser le ministère radical; mais elle ne veut le renverser qu'à son heure : « Il faut, dit-elle, attendre d'abord le vote du budget. »

Le budget est voté : « Eh bien! c'est pour aujourd'hui? — Hélas ! non ; il faut attendre le vote du scrutin d'arrondissement. »

Le scrutin d'arrondissement est voté : « Eh bien ! vous n'attendrez pas plus longtemps? — Hé ! la loi sur la brigue a du bon ! »

Et toujours ainsi jusqu'à la veille du jugement dernier : « Oh ! oh! dit l'*Union*, renverser le cabinet Floquet aujourd'hui ! A la veille du jugement dernier ! Vous n'y pensez pas ! Le péril clérical est bien trop imminent ! »

LA DERNIÈRE RESSOURCE

3 février.

J'ai sous les yeux une lettre admirable, terrible, de Gambetta. Elle est datée du 7 août 1882, au lendemain de ce ministère Freycinet-Goblet qui venait de perdre l'Egypte et de commencer à livrer l'administration aux radicaux, ministère dont on a pu faire tenir toute l'histoire dans cette formule : « A « l'intérieur, pas de gouvernement ; à l'extérieur, « pas de France... » Gambetta écrivait :

« Ce peuple s'était confié à la République pour « refaire sa fortune et sa grandeur ; son adhésion « ne procédait ni de certitude ni de reconnaissance, « puisque la République ne lui avait encore rien « donné : il faisait crédit, il espérait. La déconvenue, « la lassitude, l'irritation, la peur, le jetteront, *à la* « *première grosse émotion politique,* hors de la voie... « De degré en degré, nous tomberons dans la vase « démagogique, le pouvoir ne sera nulle part, et « L'ANARCHIE, UN MOMENT TRIOMPHANTE, OUVRIRA LA « PORTE A LA DICTATURE D'UN CAPORAL AUDACIEUX. »

L'enchaînement de causes et d'effets que Gambetta prévoyait ainsi, dès le mois d'août 1882, était

tellement logique, si mathématiquement certain pour
quiconque se donnait la peine de réfléchir, que je
me souviens d'avoir écrit vers la même date, le
8 juillet, dans la *Revue politique*, m'adressant à la
démocratie hésitante entre la politique de sagesse
et la politique radicale : « Un pommier porte des
« pommes ; le fruit de la démagogie, c'est le capo-
« ral. Or, n'est-ce pas ? tu ne veux plus de caporal,
« tu sais ce que cela coûte. »

Au cours d'une longue promenade au musée du
Louvre, à la même époque, je me rappelle encore
cette parole de Gambetta, qu'on retrouverait d'ail-
leurs dans une autre lettre : « IL VIENDRA UN JOUR
« OU LES PIERRES ELLES-MÊMES SE LÈVERONT POUR PRO-
« TESTER CONTRE L'ANARCHIE. »

Le jour est venu : les pierres se sont levées pour
protester contre l'anarchie ; la fleur du caporalisme
s'épanouit sur Paris déshonoré ; l'anarchie, un moment triomphante, a ouvert la porte à la dictature
d'un caporal audacieux.

Le jour est venu, et j'en sais déjà qui écrivent sur
le sable le blasphème de Kosciusko : *Finis Reipu-
blicæ*.

Eh bien ! non, il faut sauver la République !

Mais qui la sauvera ?

Le radicalisme intransigeant ?

Il a fait tout le mal ; ce qu'il a détruit, il a été
impuissant à le remplacer, et ce qu'il a élevé, il a
été impuissant à le détruire. Prestige, autorité, po-

pularité, il a tout perdu ; ses troupes sont au camp de Gilles-César : il lui reste ses principes, la revision, l'abolition du Sénat, la suppression de la présidence, l'impôt du revenu, la séparation de l'Église et de l'État.

L'opportunisme?

Eh bien! non, car tel qu'il existe aujourd'hui, transformé et déformé par les circonstances et par ses propres fautes, l'opportunisme seul est, lui aussi, impuissant. Il renferme encore la plus grande somme de talents, de courage, de prévoyance; mais a-t-il montré contre l'anarchie envahissante la ténacité inflexible que commandait un péril tous les jours grandissant, la haine vigoureuse que doit inspirer le mal victorieux?... Belle et bonne monnaie, mais qu'il faut renvoyer au creuset, remettre en lingot.

Il faut faire autre chose que ce qui est.

Je lis dans une magistrale étude de M. Pierre Laffitte que publie la *Revue occidentale :*

Ce ne sera pas certes en célébrant les martyrs politiques qu'on remédiera à une telle situation. Le public commence à avoir pour eux un profond mépris; il demande, non pas des gens qui se fassent transporter avec résignation après avoir combattu sans succès, mais bien des hommes capables de diriger virilement leur pays et d'en assurer, entre leurs mains, le gouvernement convenable. Quant à croire qu'on arrêtera, par d'éloquentes dissertations contre l'illégalité des coups d'État, les tentatives des factions qui peuvent espérer de devenir victorieuses, ce sont là des illusions vertueuses, mais d'une naïveté véritablement transcendante. Dans un pays qui, depuis cent ans, oscille constamment de

coup d'État ou insurrection, on se préoccupe beaucoup moins de
l'origine du pouvoir que de l'usage qu'on en voit faire ; méconnaître cela, c'est rester dans les illusions évangéliques du radicalisme.

Dans une telle situation, il n'y a donc pour nous qu'une res-
source. En premier lieu, l'énergique élimination du radicalisme,
et je parle ici, bien entendu, des politiciens qui en sont l'expression, car actuellement le public est bien supérieur à ses chefs et
ne pèche que par illusion. En second lieu et par une opération
connexe, la formation d'un énergique parti gouvernemental républicain et conservateur.

La vérité, la voilà !

Il faut rompre, sans esprit de retour, avec les
doctrines radicales ;

Il faut opposer à l'anarchie, à la réaction et à la
dictature un énergique parti gouvernemental républicain et conservateur.

Combien sommes-nous, à cette heure précise,
dans le parlement et dans la presse, d'hommes résolus à vouloir ainsi, avec une volonté invincible,
ce programme qui tient en deux lignes ?

Il est possible que nous ne soyons pas cent, mais
il y a longtemps aussi que l'histoire a démontré que
cent hommes résolus, sachant ce qu'ils veulent, dé-
cidés à ne reculer devant rien pour sauver la Patrie
et la Liberté, sont plus forts que cent mille individus vivant au jour le jour, sans audace, sans énergie, flottant entre la vérité et le mensonge, désirant
le bien et laissant faire le mal, incapables de reconnaître qu'en politique, comme à la guerre, il faut
toujours procéder par l'offensive.

1.

Ce parti nouveau, nous serons de ceux qui consacreront toutes leurs forces à le constituer.

VIVA BOULANGER!

5 février.

Le cri de : « Vive Boulanger! » signifie, de plus en plus, révolte à l'autorité, — l'autorité, quelle qu'elle soit. On nous écrit de Florence que, le 29 janvier au soir, des étudiants, qui avaient envahi un café, brisé les tables et les vitres et rossé les garçons de l'établissement, n'arrêtèrent pas, pendant tout le cours de cette opération, de crier à tue-tête : *Viva Boulanger!* Le lendemain, au bourg de Figline, les gendarmes arrêtent une douzaine de voyous qui insultaient les femmes sur la route : les voyous ne cessèrent, jusqu'au poste où ils furent conduits, de crier : *Viva Boulanger!*

Des incidents analogues se sont produits, il y a quelques semaines, à Bruxelles et à Munich.

LA DISCIPLINE

5 février.

Le *XIXe Siècle* publie le texte d'un discours que
M. le général Riu, franc-maçon et orateur à la
loge *la Justice*, a prononcé dimanche soir, devant
quatre cents convives, au banquet de la fête solsti-
ciale. M. le président du conseil devait présider le
banquet ; au dernier moment, il s'est fait excuser.

Nous n'avons rien ou, du moins, que peu de
chose à redire au fonds même du discours de M. le
général Riu : dans la bouche des orateurs qui lui
ont succédé : MM. Mesureur, Colfavru et Bulot, les
déclarations antiboulangistes que le dignitaire de
la loge *la Justice* a développées avec une éloquence
vibrante n'auraient pas été pour nous déplaire, le
panégyrique enthousiaste de M. Floquet ne nous
aurait point surpris et nous aurions reconnu, sans
plus de scandale, la phraséologie habituelle du radicalisme dans cette menace : « Pourquoi n'avons-
« nous pas su jeter à la porte tous ces budgétivores,
« tous ces mendiants qui, depuis si longtemps, nous
« trahissent ouvertement ? »

Mais si le discours qui a été acclamé dimanche

soir par les convives de la rue Cadet nous eût sem-
blé tout naturel sur les lèvres de M. Colfavru,
député, ou même de M. Bulot, substitut, il en est
autrement quand celui qui le prononce est un officier en activité de service. Nous n'avons pas défendu la cause de la discipline militaire contre
M. Boulanger pour la déserter devant M. le général Riu. Les sentiments républicains, anticésariens
et radicaux de M. le général Riu sont irréprochables, nous n'en disconvenons pas. Mais quand
M. le général Riu les expose devant quatre cents
convives, dans un discours qui est soigneusement
communiqué à la presse, nous refusons de connaître de ces sentiments et nous protestons de
toutes nos forces contre le détestable exemple que
cet officier donne aux troupes placées sous ses
ordres et à toute l'armée. Plus M. le général Riu est
antiboulangiste, plus il a le devoir de se conformer,
en tout et pour tout, aux règlements militaires que
l'ex-général Boulanger a si audacieusement méconn-
nus et si fréquemment violés. M. le général Riu a
manqué à ce devoir : M. le ministre de la guerre
n'hésitera pas, je veux l'espérer, à faire le sien.

Où en serions-nous demain, juste ciel ! s'il pouvait être permis, l'espace d'une seule minute, aux
officiers supérieurs et inférieurs de notre armée
d'aller politiquer dans les banquets maçonniques
ou autres : contre M. Boulanger à la loge *la Justice*,
aux applaudissements du citoyen Opportun ; pour

M. Boulanger à la loge *la République démocratique*,
aux applaudissements de MM. Laguerre et Lalou !
Encore un pas et nous voilà en pleine république
hispano-américaine !

A la suite de la fameuse conversation de M. Boulanger, alors commandant du 13ᵉ corps d'armée,
avec les rédacteurs du *Soir*, du *Gil Blas* et de la
Nation, j'écrivais, le 13 octobre 1887, à cette place :
« Un simple sous-lieutenant qui écrit, sans autori-
« sation, dans un journal, *alors même qu'il n'écrit*
« *point pour diffamer ses chefs*, est puni ; M. le gé-
« néral Boulanger ne peut pas être au-dessus de la
« loi. »

Ce qui était vrai de M. le général Boulanger est
vrai de M. le général Riu. Un simple sous-lieutenant qui irait manifester dans un banquet serait
puni ; M. le général Riu ne peut pas être au-dessus
du règlement. Plus son discours a été ministériel et
antiboulangiste, plus il doit être rappelé sévèrement au respect de la discipline.

6 février.

Nous avions raison d'écrire, hier, au sujet du discours prononcé par M. le général Riu à la loge la
Justice et publié par le journal le *XIXᵉ Siècle*, que
M. le ministre de la guerre n'hésiterait pas à faire
son devoir.

M. le général Riu n'ayant pas démenti les propos

qui lui étaient attribués, M. le ministre de la guerre a infligé quinze jours d'arrêts forcés à cet officier.

Entre les officiers qui pourraient tenir, dans un lieu public, des discours césariens et les officiers républicains et antiboulangistes qui suivraient l'exemple de M. Boulanger en manquant aux règles de la discipline et en se livrant à des manifestations politiques, le devoir du ministre de la guerre est de ne pas distinguer.

M. de Freycinet a frappé le général Riu comme M. le général Ferron avait frappé M. Boulanger.

Nous avons approuvé le général Ferron ; nous approuvons M. de Freycinet.

La République a refait l'armée de France que l'Empire avait éclaboussée du sang du boulevard Montmartre pour finir par la précipiter dans les boues de Sedan. La République ne permettra à personne de transporter le forum dans les cours de nos casernes ; elle a devant elle l'exemple des républiques hispano-américaines ; elle restera la République française.

Les journaux boulangistes croiront fort spirituel d'applaudir demain à la mesure qui vient d'être prise par M. de Freycinet. Vous pouvez applaudir : chacun de vos bravos est un soufflet sur la joue de M. Boulanger...

LA RANÇON

7 février.

La commission de revision a décidé son rapporteur, M. Tony Révillon, à déposer son rapport sur le bureau de la Chambre dans la séance de samedi.

Elle cherche ainsi à prévenir le dépôt du rapport de la commission nommée mardi dans les bureaux pour examiner le projet de loi relatif au rétablissement du scrutin uninominal par arrondissement.

Admettons que cette commission travaille d'arrache-pied d'ici à samedi et que le rapporteur puisse apporter à la Chambre son rapport discuté et approuvé.

Les deux rapports seront déposés le même jour.

Il devient évident que, dans ce cas, une question de priorité se pose.

Que devra d'abord discuter la Chambre?

Sera-ce la revision?

Sera-ce la loi sur le scrutin d'arrondissement?

Qui eût pensé qu'une pareille question se poserait, il y a seulement trois jours? Qui songeait alors à la revision? Et quels sacrifices n'a-t-on pas faits à cet intérêt, jugé majeur par la très grande majorité des républicains, du rétablissement du scrutin uninominal?

On se demande quel parti prendra le gouvernement, ou plutôt, hier, dans les couloirs de la Chambre, beaucoup de députés ne le demandaient plus.

N'avait-on pas appris, en même temps que la nouvelle du dépôt du rapport sur la revision dans la séance de samedi, que la gauche radicale venait de se réunir et que plusieurs de ses membres avaient émis l'avis de faire passer la revision avant le scrutin d'arrondissement?

Cette réunion inopinée de la gauche radicale, le groupe le plus dévoué à la politique du cabinet, ne laissait subsister, dans beaucoup d'esprits, que peu de doutes.

« Le cabinet veut faire du vote de la revision la
« rançon du scrutin d'arrondissement;

« Telle a toujours été la politique de M. le prési-
« dent du conseil, et c'est un homme qui ne renonce
« pas à ses idées, surtout quand elles sont mau-
« vaises. »

Tels étaient les propos que l'on entendait hier de toutes parts et qu'aucune voix autorisée n'a encore démentis.

Quant à nous, quant à nos amis de la Chambre, — et nous ne parlons plus seulement à cette heure des quarante députés qui ont refusé le 31 janvier leur confiance au ministère Floquet; nous avons la certitude de parler aujourd'hui au nom de tous les républicains que l'esprit de démence ou l'esprit de coterie n'emporte pas, — notre parti est pris :

Nous n'achèterons pas le scrutin d'arrondissement au prix de la revision.

Nous livrerons au jugement du parti républicain tout entier les hommes qui auront le front de proposer à la Chambre un pareil marchandage.

Les meneurs de la gauche radicale auront avec eux les intransigeants, les boulangistes et la droite.

Libre au cabinet de se mettre à la tête de cette coalition !

Le devoir strict, absolu, de M. le président du conseil, son devoir de républicain et de patriote, est clair comme le jour :

Il est de demander à la Chambre de donner la priorité au projet sur le scrutin d'arrondissement.

Si le cabinet s'associe à la demande de priorité pour la revision ou s'il se croise les bras devant cette demande, ce qui revient au même, avec l'hypocrisie en plus, il assume devant le chef de l'État, devant le parti républicain, devant le pays, la plus lourde, la plus écrasante des responsabilités...

LA PRIORITÉ

8 février.

Le conseil des ministres s'est entretenu hier de la question de priorité qui se posera demain devant la Chambre.

Voici la formule qui a été donnée hier aux agences d'informations :

« Examen fait de la situation parlementaire, il paraît admis que le ministère se désintéressera de la question pour la solution de laquelle la Chambre conserverait sa liberté d'action. »

Nous avons le devoir de répéter ce que nous disions hier.

Le cabinet ne peut, ne doit pas rester neutre sur la question de priorité entre la revison et le scrutin d'arrondissement.

Dans une question de priorité comme celle qui se posera demain devant la Chambre, le gouvernement n'a pas le droit de se taire.

M. le président du conseil restant muet à son banc, quand ses amis de la gauche radicale et de l'extrême gauche se prononcent pour la priorité de la revision, à qui fera-t-on croire que cela ne signi-

fic pas clairement, nettement, que M. le président
du conseil désire voir accorder la priorité au projet
de revision?

Si M. le président du conseil croit que l'intérêt
de la République est que le vote du scrutin d'arrondissement soit ajourné après le débat sur la revision, et peut-être irrémédiablement compromis,
qu'il le dise !

Si M. le président du conseil, faisant un effort
sur lui-même et contre quelques-uns de ses amis,
reconnaît, avec l'immense majorité du parti républicain, que le vote du scrutin uninominal prime
aujourd'hui toutes les autres questions, qu'il le dise
et qu'il rende à la République le service de lui
assurer l'arme efficace que nous attendons pour
combattre la conspiration césarienne !

Mais, en tous les cas, qu'il parle !

Se taire, c'est, avec l'hypocrisie en plus, prendre
parti pour la revision et commettre la plus lourde,
la plus impardonnable des fautes.

Nous avons souvent combattu la politique de
M. le président du conseil; il nous rendra cette justice que nous n'avons jamais suspecté sa loyauté.
Eh bien ! franchement, dans un pareil débat, faire
venir la cuvette de Ponce-Pilate, non, cela ne serait pas digne de M. Floquet !

Le conseil des ministres revint le 8 février sur sa décision du 7; il décida, sur la proposition de M. Floquet, de
réclamer la priorité pour la réforme électorale.

LE SCRUTIN D'ARRONDISSEMENT

10 février.

Le gouvernement a demandé et obtenu le vote de priorité en faveur du projet tendant au rétablissement du scrutin uninominal.

Nous ne ferons pas à M. Floquet l'injure gratuite de le féliciter de n'avoir pas manqué à un devoir impérieux, d'avoir repoussé les conseils.des députés qui le conviaient à commettre une véritable félonie.

La question, qui avait été posée par une fraction de la gauche radicale et par le journal *la Justice*, est de celle que des républicains ayant l'intelligence des intérêts de la République n'avaient même pas le droit de discuter.

N'a-t-on pas vu, au vote, la droite presque tout entière et tous les boulangistes confondre leurs bulletins avec ceux des illustres chefs du radicalisme intransigeant et repousser la priorité en faveur du scrutin uninominal?

M. le président du conseil a eu beau jeter dans la balance la question de confiance, promettre que le débat sur la revision suivrait immédiatement celui sur la réforme électorale, jurer sur l'autel que plus les masses qui montent à l'assaut de la République croissent en violence et en nombre, plus le cabinet s'obstine dans sa résolution de démanteler la citadelle battue par le bélier furieux du césarisme : les grands pontifes se sont bouché les oreilles...

Il y a longtemps que nous savons que les admirables hommes d'État qui s'appellent Camille Pelletan, Anatole de la Forge et Labordère ont pour devise : « Périsse la République plutôt que les principes! »

Ces profonds politiques ont complété hier leur formule : « Périsse le cabinet radical lui-même, le cabinet qui nous a tout sacrifié, qui, pour nos beaux yeux, a multiplié par 100 et par 1,000 le nombre des boulangistes en présentant l'impôt sur le revenu, en relâchant les liens de l'administration, en s'associant à la campagne de revision, pé risse ce cabinet lui-même plutôt que les principes! »

Et quel principe? Le retrait du projet de revision?... M. le président du conseil est plus revisionniste que jamais. L'ajournement du projet?... M. le président du conseil réclame la discussion du projet pour jeudi... Le principe, le sacro-saint principe, c'était la priorité.

Et il eût suffi d'un déplacement de trente voix pour que le cabinet radical fût renversé par les

Ugolins du radicalisme sur *le principe* de la priorité!

Rendons cette justice à l'extrême gauche : elle n'a pas été unanime dans son vote. Avec un courage, une loyauté et une franchise qui lui font le plus grand honneur, le plus jeune, mais non le moins distingué des collaborateurs de M. Clémenceau, s'est séparé de ses amis et a apporté son vote motivé à la tribune contre la proposition de M. Simyan. Se séparer de ses amis, même quand ils ont cent fois tort, est ce qu'il y a de plus difficile en politique : M. Pichon n'a pas hésité à le faire.

Voici donc qui est réglé : la Chambre a inscrit à son ordre du jour de lundi la réforme électorale, et dès qu'elle aura voté, selon toute probabilité, le projet de loi qui rend à la République l'arme qui donne confiance aux républicains, elle commencera, jeudi, le débat sur la revision, c'est-à-dire sur le projet de loi qui épargne aux ennemis de la République la peine de démolir eux-mêmes la forteresse qu'ils assiègent depuis quinze années.

M. le président du conseil posera la question de confiance sur le scrutin d'arrondissement et sur la revision de la Constitution.

Il demandera à la Chambre, avec la même éloquence et — je lui rends volontiers cet hommage — avec la même conviction, de voter la loi qui doit briser le flot césarien et la loi qui fait la besogne du césarisme.

J'ose espérer qu'il se trouvera dans le parti républicain une majorité assez ferme, assez clair-
voyante, assez sensée, pour n'avoir d'autre préoccupation, jeudi comme lundi, que de défendre la
République contre ses ennemis.

PRÉDICTION

11 février.

Les délégués des chambres syndicales de Lyon
qui ont porté hier leurs réclamations à M. le préfet
du Rhône, les révolutionnaires blanquistes et gues-
distes qui ont remis hier leur sommation à l'huis-
sier de M. le président du conseil, ont annoncé
qu'ils se représenteraient le 24 février pour recevoir la réponse qu'ils réclament.

Au lendemain de l'élection de Paris, M. Georges
Thiébaud, interviewé par un rédacteur de l'*Événement*, s'exprimait comme suit :

— Et quelle va être la marche des choses?

— A mon avis, les événements vont marcher plus vite qu'on
ne pense. Ainsi, par exemple, je suis persuadé que c'est le
« général » qui inaugurera l'Exposition...

— Le 1ᵉʳ mai?

— Oui, oui, le 1ᵉʳ mai.

— Dans deux mois!!...

— C'est plus de temps qu'il n'en faut pour donner le dernier coup de pioche à la baraque délabrée qui croule d'elle-même!...

— Et en quelle qua'ité, sous quel titre?...

— ... Sous le titre de Président de la République...

Puis, se reprenant après une légère hésitation et quelques secondes de réflexion, l'apôtre boulangiste continue :

— ... De Président de la République ou toute autre qualité. Je veux dire : comme chef de l'État, du pouvoir exécutif, si vous voulez. Et par un raffinement de coquetterie prophétique, puisque j'assimilais tout à l'heure le régime actuel à la monarchie de Juillet, *c'est le 24 février*, jour anniversaire de sa chute, que le généra! Boulanger prendra le pouvoir... A la suite de quelles fautes de ses adversaires et par quels moyens?... Je ne prétends pas le savoir.

Il est assez curieux que les délégués lyonnais et les révolutionnaires parisiens aient, simultanément, je ne dis pas : spontanément, indiqué comme terme extrême de leur patience le jour même où M. Thiébaud se propose de coucher M. Boulanger dans le lit de M. Carnot à l'Élysée.

Un préfet de police prévenu en vaut deux.

L'AUTRE BRÈCHE

12 février.

Dans le discours qu'il a prononcé hier (1), M. le président du conseil a donné lui-même la raison décisive, définitive, irréfutable, pour le rejet de tout projet de revision constitutionnelle.

Si M. le président du conseil et, avec lui, la majorité du parti républicain se sont prononcés pour le rétablissement du scrutin uninominal, ce n'est point pour des raisons théoriques.

C'est que le scrutin de liste était devenu, par la fatalité des circonstances, l'une des brèches qui pouvaient ouvrir à la conspiration césarienne la citadelle même de la République.

Le devoir était de fermer la brèche ; M. Floquet l'a compris, les défenseurs les plus anciens et les plus résolus du scrutin de liste l'ont compris ; ils ont fait le sacrifice de leurs préférences personnelles, de leur amour-propre, des traditions du passé ; le vote du Sénat étant assuré, la brèche est fermée.

(1) La Chambre, dans la séance du 11 février, avait voté le rétablissement du scrutin uninominal par arrondissement.

L'autre brèche, plus dangereuse cent fois que la première, c'est la revision.

Le parti républicain a su faire son devoir dans la séance d'hier, dédaigneux des sarcasmes de la droite et de la faction plébiscitaire, sourd aux appels préhistoriques des théoriciens de l'intransigeance qui préféraient laisser la République désarmée que de faire, même à un cabinet radical qui avait posé la question de confiance, le sacrifice d'une ligne de leur programme.

Le devoir, demain, ne sera ni moins clair, ni moins impératif.

Par quelle étrange aberration M. le président du conseil, qui a fait hier œuvre de bon citoyen et de politique prévoyant, se prononce-t-il pour la revision après s'être déclaré contre le scrutin de liste ?

En prenant le pouvoir, M. Floquet avait déclaré qu'il repousserait la revision de la Constitution tant qu'elle resterait le piège de la monarchie et le manteau troué de la dictature.

L'élection de la Seine a-t-elle rapiécé le manteau ?

On dit : Il s'agit d'enlever à M. Boulanger l'arme dont il se sert contre la République.

Alors, soyez logiques ! M. Boulanger réclame la dissolution : voulez-vous la dissolution ? M. Boulanger réclame l'abolition du régime parlementaire : voulez-vous juguler la liberté ?

On dit : Il faut payer de reconnaissance le ministère qui vient d'emporter le vote du scrutin d'arrondissement.

Alors, parce que M. le président du conseil a fait
acte hier de républicain sensé et ferme avec autant,
mais non avec plus de courage que l'un quelconque
des anciens *listiers* qui ont voté la réforme électorale, — quiconque se refuse désormais à cesser de
penser par lui-même et à incliner sa raison devant
les concessions que le parti radical a arrachées
ou arrachera encore à M. Floquet sera un in-
grat?

Quelle injure gratuite autant qu'odieuse faites-
vous à M. le président du conseil, si vous supposez
que le rétablissement du scrutin uninominal n'a été
pour lui qu'une rançon, que l'un des termes d'un
inavouable marchandage, et qu'il n'a point agi
comme il l'a fait parce que sa conscience de républicain le lui commandait?

On dit enfin : Vous pouvez voter sans crainte,
puisqu'il est certain que le Sénat rejettera la revision!

Eh bien! je réponds que tout représentant du
peuple, tout citoyen qui ne vote pas comme si
du bulletin qu'il déposera dans l'urne allait dé-
pendre le sort même de l'État commet une véritable
trahison.

« Je puis voter, dites-vous, pour la revision :

qu'importe ? où est le mal ? Le Sénat est là pour réparer mon erreur ; il aura le courage qui me manque,
la fermeté qui me fait défaut. Garçon, la cuvette de
Ponce-Pilate ! Moi, je vote pour ne pas perdre la
précieuse faveur des démagogues ; que deviendrais-
je, juste ciel ! si je l'égarais ? »

Mais ne vois-tu pas, misérable sophiste, cent fois
plus coupable que le théoricien de l'intransigeance,
qui, lui, du moins, croit aux sacro-saintes formules
de mirliton, comme le lazzarone croit aux amulettes
bénies et le Cafre du Soudan aux grigris, ne vois-tu
pas que tu te déshonores en vain et que ta lâcheté
même ne te profitera pas ?

Elle te fait perdre à jamais la confiance des républicains sensés, l'estime des vrais hommes de principes et, si tu t'interroges au fond de ta conscience,
ta propre estime ; mais elle ne te conservera même
pas la faveur des factions démagogiques.

Quoi que tu fasses, tu ne seras jamais qu'un
pauvre revisionniste à côté du « général », un pâle
quarteron à côté de ce nègre d'ébène !

Va, tu peux courir après les gros bataillons intransigeants ! Ils sont loin, là-bas, avec le Catilina
de leur cœur, et ce n'est point par des génuflexions
devant l'Arche de la revision que tu les rattraperas !

Alors, quoi ?...

Pour nous, nous ne connaissons que le devoir :

Le devoir est d'armer la République.

Nous avons armé la République, hier, en rétablissant le scrutin d'arrondissement.

Nous ne la désarmerons pas, demain, en ouvrant à deux battants, devant ce César de carrefour,
les portes de la Constitution républicaine.

PIRE QU'UNE FOLIE...

13 février.

Une des habiletés de M. le prince de Bismarck a
toujours consisté, disant toujours la vérité, à faire
toujours croire au monde entier qu'il ne peut pas
ouvrir la bouche sans mentir.

M. Floquet appartient à la même école, — incon-
sciemment, sans doute, comme M. Jourdain faisait
de la prose.

M. le président du conseil n'offre pas de marché
au centre de la Chambre des députés : il a l'habitude
de foncer sur lui, la badine haute ; mais il s'y prend
toujours de telle sorte qu'il se trouve au centre et
au groupe dit des indépendants un certain nombre
de députés qui agissent et qui votent comme si
M. Floquet avait tiré sur eux une traite qu'ils n'ont
pas le droit de laisser impayée.

2.

Jusqu'à présent, un ministre qui faisait voter une loi que, dans sa conscience, il croyait bonne et profitable, passait tout simplement pour n'avoir pas manqué au devoir élémentaire de sa charge.

M. le président du conseil Floquet a changé tout cela.

M. Floquet n'a pas fait voter le budget : il a *donné* le budget ; en échange, deux ou trois votes de confiance.

M. Floquet n'a pas fait voter le scrutin d'arrondissement : il a *donné* le scrutin d'arrondissement ; aura-t-on le cœur de lui refuser, en échange, sur cette bagatelle qui s'appelle la revision de la Constitution, un 226e vote de confiance?

Ainsi raisonnent un certain nombre de députés républicains qui siègent parmi les *Sauvages* et au centre.

La revision, qu'est-ce que c'est que ça?

M. le président du conseil propose tout simplement de décapiter la présidence de la République, en lui enlevant le droit de prorogation des Chambres, et de châtrer le Sénat, en lui enlevant le droit de dissolution et sa part dans la confection des lois.

En présence de la conspiration boulangiste qui menace ouvertement le chef de l'État et d'un suffrage universel affolé que le radicalisme est absolument incapable, à lui seul, au scrutin d'arrondissement comme au scrutin de liste, d'arrêter sur la pente de la réaction et du césarisme, qui pouvait

mettre en doute que cette politique de M. le président
du conseil n'est pas la sagesse et la prudence mêmes?

Mais M. le président du conseil ne s'en tient pas
là :

Limiter le Congrès de revision aux combinaisons
plus que chinoises du projet ministériel, cela ne
serait pas encore tout à fait insensé.

M. le président du conseil propose en outre une
formule qui, affirmant la revision intégrale, ouvre
la porte à toutes les autres inepties plus ou moins
détestables qui sont inscrites aux programmes de la
faction césarienne et du radicalisme intransigeant :
la suppression du Sénat, l'abolition de la présidence
de la République, le *referendum*, l'élection du chef
de l'État au suffrage plébiscitaire.

Voilà la formule sur laquelle M. Floquet réclame
un vote de confiance, ce qui est d'ailleurs son droit,
et qui, à cette heure, ne trouve pas unis contre elle,
comme un seul homme, tous les républicains qui
n'ont pas perdu toute raison, toute clairvoyance et
tout respect d'eux-mêmes !

M. Floquet, avec une habileté qui est digne d'un
tacticien de premier ordre, fait succéder au débat
sur la réforme électorale, sans perdre un jour, le
débat sur la revision ; la façon de donner — puisqu'il est acquis que M. Floquet a *donné* le scrutin
d'arrondissement — ne vaut peut-être pas tout à
fait ce qu'on donne ; c'est égal, il a donné : eh bien !
en échange, donnons-lui un vote de confiance !

Le ministère radical nous a *donné*, en sus du scrutin d'arrondissement, le projet de l'impôt sur le revenu, l'anarchie administrative, la désaffection des fonctionnaires, la triple élection de la Somme, de la Charente et du Nord, l'élection de la Seine : misères que tout cela ! En échange du budget de 1890, donnons-lui un dernier vote de confiance sur cette revision qui est certainement la pire des aventures, mais que le Sénat repoussera non moins certainement ! On en sera quitte pour aller aux élections au cri de : « Sus au Sénat ! » ce qui, évidemment, ne saurait faire en aucune façon les affaires ni du boulangisme ni de la réaction...

Eh bien ! non, je ne puis me résigner à croire à un aussi complet aveuglement et à une aussi lamentable déchéance des caractères ! Un vote platonique, le vote sur la revision, le vote qui signifiera devant le pays que le parti républicain est voué définitivement aux capitulations à jet continu devant les exigences d'un radicalisme d'autant plus impérieux qu'il est plus vaincu par le suffrage universel, par les bulletins de sa propre clientèle ! Un vote platonique, le vote qui déchaînera contre le Sénat, parce que le Sénat aura eu le courage et le patriotisme qui auront manqué aux autres, la tempête des calomnies et des haines intransigeantes !... Mais votre vote serait encore moins néfaste, et il serait certainement moins honteux s'il devait aboutir à cette revision qu'on vous exhorte à voter sans la vouloir et même en la condamnant ! Non, ce vote ne sera pas rendu !

Dans les temps les plus calmes, les plus tranquilles, la revision illimitée que propose M. Floquet
a été dénoncée par Gambetta comme une insigne
folie.

Dans les temps troublés et orageux que nous ont
faits le radicalisme et cette création du radicalisme
qui s'appelle M. Boulanger, ce vote serait pire qu'une
folie ; ce serait un crime.

Ce crime contre la République, non, vous ne le
commettrez pas !

ABDICATION ?

11 février.

Je ne perdrai pas mon temps à parler aux hommes
d'État intransigeants qui votent la revision : ils font
leur métier de démagogues ; ni aux boulangistes de
droite et de gauche qui, selon les incidents de la
séance, la voteront ou la repousseront ; ils n'auront
cure, quoi qu'il arrive, que de pêcher en eau trouble
et de continuer leur honorable profession de fabri-
cants de gâchis et d'anarchie.

Une dernière fois, je m'adresse à ceux des républicains du centre à qui l'on conseille de voter la revision puisqu'il est certain que le Sénat la repoussera, parce que cela fera plaisir à quelques comités et pour ne pas renverser le ministère.

La stabilité ministérielle n'est-elle pas un grand bien? Evidemment ; on m'accordera pourtant qu'il y a des ministères dont la présence aux affaires est un grand mal. Un ministère de cette espèce, le ministère Floquet, par exemple, eût-il été de bonne politique de le culbuter, depuis longtemps, sur le premier prétexte venu? Je concède qu'il a été loisible à de bons et fermes républicains d'ouvrir crédit au cabinet radical et de lui permettre d'échapper, en diverses circonstances, aux questions ou interpellations qui lui ont été adressées par M. Ribot, M. Flourens et M. Waldeck-Rousseau. A mon sens, chaque heure de vie que la longanimité des républicains a accordée à M. Floquet a été une faute et l'origine de nouveaux dommages pour la République. Mais, enfin, ni dans l'affaire du maire de Carcassonne, ni dans le renvoi du projet de revision à la commission Achard, les questions de principe n'étaient engagées. En est-il de même aujourd'hui?

Depuis trois ans, et principalement depuis six mois, vous dites, ô mes amis! que la revision est une folie et un crime ; vous l'avez écrit dans vos journaux, vous l'avez répété sur tous les tons à vos électeurs ; vous vous apprêtez à la voter, oh! j'en-

tends bien, la mort dans l'âme, mais à la voter quand
même... Votre rôle d'éducateurs du suffrage universel, est-ce ainsi que vous avez été élevés à le comprendre? Vous traitez M. Boulanger de corrupteur
du suffrage universel : est-ce que les lauriers de ce
chef de bande vous empêcheraient de dormir? Ce
n'est pas moi qui vous fais cette injure ; mais que
répondrez-vous demain à ceux qui vous la feront?

Quand vous aurez consommé cette suprême capitulation, qui ajoutera foi à vos paroles et à vos
promesses? Et qui vous défendra quand vous re-
tournerez devant vos électeurs?

Si vous comptez sur ceux d'entre nous qui vous
auront adjuré en vain et qui, eux du moins, dans ce
naufrage, auront sauvé leur honneur, vous vous
trompez. Vous aurez été complaisants, par des
raisons inavouables, aux méchants et aux malfai-
sants ; nous vous assimilerons à vos complices, car,
à partir de cette minute, vous ne pourrez même plus
alléguer la misérable excuse que vous avez été
dupes.

Compteriez-vous, par hasard, sur la reconnaissance
de M. Floquet et de ses associés radicaux?... Oh !
je sais ! ce grand ministre vous a donné hier le scrutin
d'arrondissement et, descendant pour une heure de
la région sereine des doctrines immaculées, il n'a
pas été économe de promesses électorales. Mais, ça,
c'était hier, et je vous parle, moi, de demain. Eh
bien ! je connais M. Floquet, et le dernier billet de

La Châtre vaut mieux que la reconnaissance dont il
vous payera. Quand vous lui aurez apporté votre vote,
le diable se moquera de vous. Et il aura raison, le
diable radical, cent mille fois raison, de se moquer
de vous. Vous aurez eu beau lui accorder la revision :
comme vous refuserez, du moins pour la plupart,
d'inscrire cette même revision sur vos programmes
et de vous associer à la campagne qu'on prépare
contre le Sénat et contre la présidence de la République, il vous combattra avec le dernier acharne-
ment dans les circonscriptions qu'il vous a concé-
dées avec tant de générosité, et je le louerai de vous
combattre, ô groupe Target !

On dit, car quelques-uns raisonnent de cette dé-
sertion, que je m'obstine à croire impossible, comme
d'une chose toute naturelle : d'ici quinze jours ou
trois semaines, au premier tournant de la route, on
renversera le cabinet ; le bulletin de confiance sur
la revision, c'est la visite de digestion à l'amphi-
tryon qui a servi le plat truffé du scrutin uninominal... Barbiers que vous êtes, demain, c'est toujours
demain que vous raserez gratis !

Mais j'admets, je suppose que vous vous vengiez,
demain, après-demain, de la compromission que
vous auriez consentie à cet habile et rapide manœu-
vrier, M. le président du conseil : qu'y aurez-vous
gagné ?

Je vois, je sais d'abord ce que vous y aurez perdu :
le droit de porter haut la tête, le droit de laisser aux

auteurs des désastres que la République a déjà
essuyés sous leur direction la responsabilité des
catastrophes nouvelles où ils se précipitent en aveu-
gles. Mais quand l'intransigeance aura ouvert le
feu de ses trente-six batteries contre le Sénat, qui,
lui, aura déjà fait son devoir et qui aura eu le courage de repousser la revision que vous aurez contre-
signée, — en quoi la crise ministérielle que vous
aurez créée ainsi sur le premier incident de la vie
parlementaire, sur une pelure d'orange que vous
aurez glissée sous les pieds de M. Floquet, sera-
t-elle moins sérieuse et moins grave que celle que
vous refusez d'ouvrir aujourd'hui, alors que vous
avez pour vous la raison, la justice, l'intérêt évident
de la République et de la liberté, et que, par un
vote net, précis, courageux, qui vaut peut-être
mieux, j'imagine, qu'un vote équivoque et de sur-
prise, vous aurez exprimé hautement votre résolution de demeurer fidèles à la politique sage et
forte qui a fondé la République ?

Renversez aujourd'hui le cabinet qui commet le
crime de vous proposer le démantèlement de la citadelle républicaine, ou résignez-vous à voir M. Floquet présider à des élections générales auprès desquelles l'élection de la Seine apparaîtra comme un
simple tamponnage !

Ce que M. le président du conseil vous propose,
ô républicains qui avez encore, à cette heure où
j'écris, le droit de vous dire républicains du gouver-

nement, de raison et de sens, c'est d'abord votre
propre abdication...

Mais j'ai trop insisté : on vous calomnie, vous
vous calomniez vous-mêmes ! Non, vous ne commettrez pas cette faute ! vous n'abdiquerez pas !

TABLE RASE

15 février.

Le proverbe arabe dit que la vérité ne parle pas
seulement par la bouche des enfants.

Elle a parlé hier par celle de M. le comte de
Douville-Maillefeu, député ultra-radical de la
Seine, membre de l'extrême gauche.

La Chambre venait de repousser une motion de
M. le baron de Mackau invitant le cabinet à réclamer de M. le Président de la République la dissolution immédiate ; la discussion allait commencer,
les orateurs inscrits fourbissaient une dernière fois
leurs armes : M. de Douville-Maillefeu demande
l'ajournement de la revision aux élections générales.

L'orateur n'est pas suspect de modérantisme : il
traite les monarchies de « vomissement » ; il n'est

pas suspect d'hostilité à M. le président du conseil :
sa voix n'a jamais fait défaut à M. Floquet ; mais il
a « un devoir de bon sens » à remplir. Quand M. le
comte de Douville-Maillefeu, député intransigeant
de la Seine, parle de bon sens, on entend sur certains bancs des rires ironiques. Mais l'esprit flotte
où il veut, et c'est le bon sens qui parle par la
bouche de M. de Douville :

« La politique de fantaisie et la politique de foi
« sont identiques ; elles ne peuvent qu'aboutir au
« désordre. La loi rétablissant le scrutin uninomi-
« nal a paru ce matin au *Journal officiel ;* la période
« électorale est commencée : laissez la parole au
« peuple ! Il dira s'il veut la revision et quelle revi-
« sion il veut. L'a-t-il dit, aux élections de 1885 ?
« Consultez les cahiers électoraux : la revision y
« vient AU SEIZIÈME RANG ; encore se trouve-t-il
« des députés assez ignorants de la loi pour croire
« que la réforme de la loi électorale du Sénat
« nécessite la réunion d'un Congrès de revision.
« Vous proposez la nomination d'une Constituante :
« que lui offrirez-vous ? Personne ne s'est mis
« d'accord sur la Constitution à substituer à celle
« qui nous régit. La période électorale étant ou-
« verte, il faut continuer à voter des lois, non
« de réaction, mais d'ordre ; et la question de la
« revision, il faut la laisser trancher par les élec-
« teurs ; il faut l'ajourner pour toute la durée de
« la législature. »

J'accorde aux députés de la Seine qui ont été élus sur la même liste que M. le comte de Douville-Maillefeu, à M. Achard, à M. Labordère, à M. Brialou, à M. Maillard, j'accorde que leur collègue n'a pas souvent habitué la Chambre au langage qu'il a tenu hier : c'est, peut-être, précisément pour cela que ce langage a été celui de la vérité et de la raison.

M. le président du conseil a repoussé la perche qui lui était tendue; avec sa crânerie et son obstination habituelles, il a réclamé la discussion immédiate du projet de revision, posant de nouveau la question de cabinet; par 307 voix contre 218, la Chambre s'est prononcée pour la motion du député de la Seine. La revision était enterrée et le cabinet était par terre.

La majorité imposante qui a ajourné indéfiniment la revision et, du coup, renversé le ministère est composée de deux éléments : cent trente députés républicains qui, depuis le premier jour, ont considéré que la revision, surtout la revision illimitée de la Constituante, est la pire des aventures, la plus détestable des folies; autant de députés de droite qui, voulant, eux, la revision, mais la voulant sincèrement, ardemment, pour la revision elle-même et non pour la galerie, parce que la revision, pour eux, c'est l'étranglement de la République, ont pensé que le vote d'une motion de revision qui ne vivrait qu'une heure, le temps d'être mise en pièces par le Sénat, était une comédie...

Mais le passé est le passé ; nous avons à nous préoccuper d'autre chose.

La situation est claire et nette, il est impossible d'en imaginer de plus nette et de plus claire : *c'est la table rase.*

Nous ne nous dissimulons aucune des difficultés de la crise, mais il ne faut pas se dissimuler davantage ces deux faits d'une importance capitale :

La Chambre a rétabli le scrutin uninominal ;

Le Sénat est intact ; il n'a pas eu, grâce au plus heureux des accidents parlementaires, à prendre sur lui la responsabilité d'un conflit ; il n'eût pas hésité à repousser la revision ; il eût fait tout son devoir, il se fût honoré en le faisant. Mais, enfin, il n'a pas été appelé à le faire ; M. Clémenceau s'apprêtait à aller aux élections au cri patriotique de : « Sus au Sénat ! » Cette jolie combinaison est en morceaux : c'est la Chambre elle-même qui a fait justice de la revision, parce que, à dire les choses comme elles sont vraiment, elle n'en a jamais sérieusement voulu et que, si le ministère est tombé hier, il n'est tombé que par sa propre faute. Ç'a été le suicide dans toute sa beauté.

M. le président du conseil n'avait qu'à s'en tenir à son heureuse formule du manteau troué de la dictature et du piège de la monarchie ; la Chambre, le parti républicain, le pays, qui ne s'est jamais

soucié de la revision, ne lui demandaient que cela.
M. le Président du conseil a sacrifié sa formule à
M. Clémenceau et, du coup, il s'est immolé lui-
même, de sa propre main.

Donc M. le président de la République est libre,
entièrement, absolument libre : la Chambre s'est
contentée de prononcer la mort sans phrases contre
M. Floquet ; elle n'a cherché à lier par aucun
ordre du jour, par aucune motion, par aucune
manifestation, l'entière liberté du chef de l'État.

Cette table rase, que M. le Président de la
République a devant lui, engage au plus haut
degré sa responsabilité : il a, depuis hier, l'avenir
de la République, l'avenir de la Liberté, l'avenir
même du pays entre les mains.

Il dépend de lui, de lui seul, d'être l'organisateur de la victoire républicaine aux élections générales.

Il le peut, s'il le veut.

Et la France entière connaît son patriotisme.

DE QUELQUES PLAISANTERIES

16 février.

Il fallait s'y attendre ; nous avons entendu hier les cris de la pudeur intransigeante : « C'est par une coalition avec la droite que vous avez renversé le cabinet radical ! »

D'abord, s'il y avait eu coalition, il y aurait une espèce d'hommes d'État émérites qui n'auraient pas le droit de s'en plaindre : c'est ceux qui s'en plaignent. Je ne parle pas de M. Floquet, qui n'a été élevé successivement à la présidence de la Chambre et à la présidence du conseil qu'avec le concours des droites ; je suis de ceux qui estiment que l'on doit toujours la justice à ses adversaires ; et plus j'ai combattu la politique du cabinet qui a succombé avant-hier, moins j'éprouve d'embarras à reconnaître que M. Floquet est descendu avec beaucoup de dignité du pouvoir où il n'avait pas demandé à monter. Mais quand M. Clémenceau et ses associés ordinaires prennent des mines de petites vierges effarouchées devant un dieu des jardins, je suis bien forcé de leur rappeler leur passé et de leur demander avec quel concours ils ont ébranlé et renversé, depuis dix années, tous les ministères républicains : Gambetta et Ferry, Freycinet et Duclerc, Rouvier et Tirard, préparant ainsi, avec un art infini, l'anarchie où la République se débat.

Hier encore, pas plus tard que lundi, M. Clémenceau, M. Millerand, M. Anatole de La Forge, M. Camille Pelletan, confondaient leurs bulletins immaculés avec ceux de la Droite et des boulangistes, repoussaient d'un cœur léger le scrutin d'arrondissement, au risque de culbuter le cabinet de leur cœur et de laisser la République désarmée. Et si M. le comte de Douville-Maillefeu, député ultra-radical de la Seine, n'était pas intervenu, dans la séance de jeudi, comme le fol qui vend la sagesse, aujourd'hui même MM. Clémenceau, Millerand, de La Forge et Camille Pelletan, déjà nommés, auraient mêlé leur bulletins à ceux des boulangistes et de la droite pour voter la Constituante et mettre M. Floquet en minorité. Et ce sont ces rosières-là qui se voilent la face !

En second lieu, il n'y a pas eu de coalition, et personne ne le sait mieux que M. Clémenceau. Les républicains qui ont voté hier l'ajournement indéfini de la revision sont les mêmes qui, depuis nombre de sessions, n'avaient pas cessé de repousser la revision constitutionnelle ; ils sont restés logiques avec eux-mêmes, fidèles à leurs principes, fidèles à la politique sage et ferme dont Gambetta leur avait tracé les grandes lignes, voilà tout. Cela leur donne, quoi qu'en dise M. Ranc, le droit de porter très haut la tête. Ils étaient 231, le 30 mars dernier, — et, parmi ces 231, il y avait quelques ministres d'hier, — à repousser l'urgence sur la revision ; ils n'ont été jeudi que 137 ; je regrette ce déchet, mais je n'en félicite que plus les 137 républicains éclairés, prévoyants, courageux, qui ont fait leur devoir. Non, vraiment, vous auriez voulu qu'ils devinssent revisionnistes, — ayant été toujours hostiles à cette folie, — je ne dis point pour les beaux yeux de M. Floquet, mais parce qu'il prenait fantaisie à la droite de voter, non pas contre la revision en elle-même, que les royalistes, bonapartistes et autres boulangistes n'ont pas cessé de réclamer, mais contre une motion de revision qui, étant donnée la certitude qu'elle serait repoussée par le Sénat, n'était qu'une comédie, une vaine démonstration démagogique pour la galerie radicale ? A d'autres ! Dans la liste des républicains qui ont voté la proposition d'ajournement, je trouve, à coté de MM. Develle, Ferry, Waldeck-Rousseau, Spuller, Rouvier, Casimir-Perier, Jules Roche, ce pâle centre gauche qui a nom Madier-Montjau. Voyons, mon cher Ranc, vous avez sans doute vingt-quatre heures pour maudire vos juges ; mais dire de ces républicains qu'ils ont perdu le droit de porter haut la tête, avouez que cela passe les bornes !

3.

Autre plaisanterie : la *Justice* et le *Radical* insi-
nuent qu'il y avait contrat entre M. Floquet,
donnant le scrutin d'arrondissement, et le centre.
De quel droit M. Sigismond Lacroix, M. Millerand, M. Camille Pelletan, font-ils au président
du conseil d'hier cette gratuite injure? S'il y a
quelque chose qui honore le passage de M. Floquet
aux affaires, c'est d'avoir, après quelques hésita-
tions, donné la priorité à la réforme électorale
sur la revision. « La réforme électorale, disait
samedi M. Floquet, intéresse tout le parti républicain; la revision n'intéresse que moi. » Mais
M. Floquet, en se prononçant pour le scrutin
d'arrondissement, n'ignorait pas que l'opposition
du centre à la revision constitutionnelle restait
invincible. Il n'a voulu voir ce jour-là, il n'a vu
que l'intérêt du parti républicain tout entier dans
sa lutte pour l'existence. Et vous voulez faire croire
à un marché plus honteux encore pour le ministre
qui l'aurait proposé, jouant la carte forcée, que
pour le parti qui l'aurait accepté! Lundi, il n'a pas
dépendu de vous de culbuter le cabinet radical sur
le scrutin d'arrondissement; si M. de Douville lui
avait prêté vie, vous l'auriez étendu aujourd'hui
même dans la grande nécropole ; et maintenant, le
titre d'honneur qu'il a su conquérir, vous voulez le
lui enlever! Vous êtes, permettez-moi de vous le
dire, de jolis ministériels et d'aimables amis.

Mais il ne saurait y avoir de farce complète sans

M. Boulanger, et le chef du comité appelé, par antiphrase, « républicain national, » n'a point manqué à celle-ci. L'inventeur breveté de la revision avait à peine voté l'ajournement indéfini de la revision qu'une inquiétude le prenait. Comment les braves gens à qui il a chanté sur toutes les cordes de la lyre la nécessité de la revision jugeraient-ils son vote ? Comprendraient-ils pourquoi cet ennemi juré du régime parlementaire avait opéré, dans la séance de jeudi, une manœuvre digne des maîtres ès chinoiseries parlementaires, et qui, d'ailleurs, n'a rien changé au résultat final ? M. Boulanger s'est donc expliqué, à ce sujet, dans le charabia césarien qui lui est habituel. Il paraît que « le ministère aux abois essayait de tendre un piège au pays ». M. Boulanger, proprement stylé par M. Naquet, n'a pas voulu tomber dans le panneau, ni « permettre à la Chambre de consacrer une usurpation en faisant œuvre de Constituante ». Si les électeurs comprennent, je les envie. Pour moi, je trouve M. Boulanger bien bon de descendre à ces explications. On est boulangiste, que diable ! ou on ne l'est pas. Il suffisait à M. Boulanger, pour se justifier et pour emporter de nouvelles acclamations, de montrer son cheval noir. Pour les bonnes foules prétoriennes, le vrai consul, depuis Caligula, c'est le cheval.

Maintenant, si le cœur vous en dit, vous pouvez vous remettre au petit jeu des listes ministérielles.

Comme la torture, cela fait toujours passer une
heure ou deux, et c'est plus inoffensif.

LA DOUBLE TACHE

17 février.

Il ne s'agit pas de remplacer neuf personnages
politiques ayant le titre de ministres par neuf autres
personnages ayant un portefeuille en maroquin sous
le bras.

Il s'agit de substituer à une politique qui a été
condamnée par l'événement, après l'avoir été par la
saine raison, la politique qui avait présidé à l'établissement de la République et qui peut seule sauver la liberté.

Il faut d'abord une politique nette, franche, résolue, courageuse, d'ordre et non de réaction, d'application des lois et non d'anarchie, d'apaisement
et non d'oppression.

Il faut ensuite, pour la défense de cette politique,
qui ne doit pas être une politique défensive, des
chefs ayant les qualités des chefs.

On peut être le meilleur des citoyens et n'avoir

cependant que des qualités de simple soldat; ces vertus sont aussi précieuses que celles qui font le chef : loin de les dédaigner, je les estime au plus haut degré. Je crois seulement qu'il faut employer les unes comme les autres là où il faut les employer. Il est absurde de faire monter la garde par un général de division, et il est tout à fait niais de mettre un caporal à la tête d'une armée.

Il faut encore, pour poursuivre la comparaison militaire, ne pas mettre les fantassins à cheval, ne pas mettre des cavaliers à des batteries de siège, et ne pas mettre des canonniers en colonnes d'attaque...

Cela est vrai de toutes les crises et de toutes les constitutions de gouvernement; cela est vrai surtout de la crise actuelle et du ministère de demain.

L'oubli n'étant nulle part plus rapide qu'en politique, quelques-uns paraissent croire que le cabinet radical n'est tombé que sur la motion de revision.

A la veille de la formation d'un nouveau ministère, il est indispensable de rétablir la très exacte vérité :

Sans doute, le cabinet radical a été exécuté le 14 février, mais il avait été condamné bien auparavant, pour avoir, d'une part, alarmé les intérêts légitimes, pour n'avoir pas su, d'autre part, faire preuve d'énergie virile en agissant contre l'entreprise boulangiste.

Rassurer ces intérêts, sévir sans retard et avec la dernière énergie contre cette conspiration, est la

double tâche qui échoit au ministère dont M. le
Président de la République a confié la formation au
président de la Chambre des députés.

Le temps des belles paroles, des nobles attitudes,
des déclamations sonores est passé; si le parti radical lui-même a assisté avec tant de philosophie
à la chute de M. Floquet, c'est qu'il a conscience
et du danger qui menace la République, et de la
nécessité urgente qui s'impose au gouvernement d'y
parer par des actes.

C'est par des actes, par des actes prompts, décisifs, irrévocables, qu'il faut et rassurer les intérêts
et frapper les complots.

Le gouvernement radical a fait faillite pour avoir
manqué à l'une et à l'autre partie de sa tâche.

Le gouvernement modéré qui manquerait à l'une
ou à l'autre partie de cette tâche serait voué à la
même défaite.

Mais le gouvernement qui sera composé de patriotes assez fermes, assez résolus, assez dédaigneux
des criailleries démagogiques et des menaces césa-
riennes pour ne reculer devant aucune responsabilité, devant aucun devoir, et pour accomplir les actes
d'équité et les actes de vigueur que réclame la
situation, ce gouvernement sera l'organisateur de
la victoire républicaine et sauvera la liberté.

LA COMBINAISON MÉLINITE

18 février.

La plupart des journaux continuent à se livrer au petit jeu des listes ministérielles : M. le Président de la République a eu tort, décidément, de s'adresser au patriotisme de M. le président de la Chambre ; s'il s'était adressé à l'esprit inventif d'un reporter quelconque, il y a longtemps que le cabinet serait constitué.

Si les noms des futurs collègues de M. Méline ne sont pas encore connus, chaque heure qui passe rend plus évidente la politique qui s'impose au cabinet de demain.

Le ministère radical est tombé pour avoir inquiété les intérêts légitimes par ses capitulations incessantes devant la démagogie : il faut rassurer ces intérêts par une politique d'ordre et d'apaisement.

Le ministère radical est tombé pour n'avoir su opposer à l'entreprise césarienne que des attitudes : il faut des actes, des actes prompts, énergiques et décisifs.

Oui, nous en avons été là, il n'y a pas huit jours,

que le chef du gouvernement républicain parlait à la tribune de la conspiration boulangiste! Qu'un journaliste parle de cette conspiration et la dénonce, quoi de plus naturel? Il ne peut faire autre chose, il n'a que sa plume.

Mais un chef du gouvernement!... Le consul romain, lui, n'a parlé des conspirateurs que pour annoncer qu'ils avaient expié.

Ramener à la République les masses électorales que le mécontentement en a détachées, apprendre aux factieux le respect des lois de la République, il n'y a pas d'autre programme.

Le ministre qui fera de ce programme une réalité vivante aura sauvé la liberté et arraché ce pays à la honte la plus effroyable qui l'ait jamais menacé.

Libre à M. Clémenceau de le dénoncer, par avance, dans un manifeste où l'on chercherait en vain une parole de désintéressement républicain.

Les bons citoyens savent, eux, où est le devoir.

AVORTEMENT

19 février.

M. Méline, président de la Chambre, a échoué dans la mission qui lui avait été confiée par M. le Président de la République et où il avait apporté, depuis trois jours, tout son dévouement et tout son patriotisme.

M. Méline a échoué pour deux causes :

D'abord, parce qu'aux offres qu'il avait cru devoir faire à un certain nombre de membres de l'extrême gauche et de la gauche radicale il a été répondu par des refus catégoriques, refus qu'il était facile de prévoir et qu'il eût été peut-être d'une meilleure politique de s'épargner.

En second lieu, parce que la seule annonce d'un ministère homogène (c'est-à-dire vraiment parlementaire), dès que M. Méline se fut arrêté à cette idée, a soulevé, sur les bancs des radicaux, une clameur et, parmi un certain nombre de députés prétendus modérés et indépendants, une frayeur telles que M. le président de la Chambre s'est trouvé dans la nécessité de rendre au chef de l'État le mandat qu'il avait accepté.

On sait le mal, je n'ai pas à le redire, qu'a fait à la République la politique de capitulation à jet continu devant les sommations de l'intransigeance ; c'est cette politique, cent fois condamnée, que sont venus proposer et opposer à M. Méline les hommes d'État dévoués et désintéressés qui lui ont refusé leur concours et ceux qui se sont livrés, dans la journée d'hier, à une démarche qui rappelle avec avantage la fameuse démonstration des bonnets à poil...

Le seul tort que l'on puisse reprocher à M. Méline, au cours des laborieuses négociations qu'il a poursuivies, c'est de n'avoir pas reconnu, dès le début, que le gouvernement qu'il avait mission de constituer avait pour devoir et pour rôle de parler et d'agir non pour une Chambre qui a accumulé les fautes et qui mérite le discrédit où elle risque d'entraîner le régime parlementaire, c'est-à-dire la liberté elle-même, — mais pour le pays, pour ce brave, honnête et loyal pays qui se débat depuis si longtemps dans la nuit, et que l'on semble avoir pris à tâche de jeter tout entier entre les bras de l'aspirant dictateur, qui, lui, du moins, sait ce qu'il veut.

Nous sommes aujourd'hui servis par l'expérience : l'erreur a apparu dans toute sa beauté. Le cabinet, dont M. Méline avait presque achevé la constitution, eût pu rendre à la cause républicaine d'inap-

préciables services. Il a été égorgé avant même qu'il
eût vu le jour.

Eh bien ! cette faute, on ne la recommencera plus.
La France tout entière a dans la sagesse, dans la
clairvoyance, dans la fermeté du chef de l'État une
confiance sans bornes. Dans ce pays jonché de ruines
et de décombres et que menace la plus méprisable
et la plus odieuse dictature, M. Carnot seul
est resté debout, soutenu, porté, aujourd'hui plus
que jamais, non seulement par le Sénat républicain,
mais par tout ce qui, d'un bout à l'autre du territoire, a en égale horreur la dictature et l'anarchie.

Que M. Carnot parle, il sera suivi ! La Chambre
n'est plus qu'une poussière de groupes ; la France
veut vivre libre et respectée.

Elle n'attend qu'un homme de cœur qui sache
déployer et élever le drapeau au-dessus de la mêlée
confuse des partis impuissants et des factions déchaînées.

M. Carnot veut-il être cet homme ?

LES HOMMES ET LES PROGRAMMES

20 février.

Depuis longtemps nous entendons répéter cette formule : « Les principes sont tout et les hommes ne sont rien. » Elle est certes fort commode pour les imbéciles, à qui elle permet de réclamer les plus hautes et les plus difficiles fonctions, mais elle est aussi fausse que dangereuse : on le voit bien par tout ce qui se passe.

En politique comme en industrie, comme en science, comme en art, il y a certainement des principes ; mais ces principes ne valent que par les hommes chargés de les appliquer.

Tout le monde le sait ; tout le monde est d'accord sur ce point, dans la vie privée.

Êtes-vous malade ? Vous allez chez le meilleur médecin.

Avez-vous un procès ? Vous courez chez le meilleur avocat.

Construisez-vous une maison ? Vous cherchez le plus habile architecte.

Vous faut-il un comptable ? Vous prenez un calculateur expert dans la tenue des livres et dans le maniement des chiffres.

Et cependant les « principes » de la physiologie, de la thérapeutique, du droit, de l'architecture, de la géométrie, de la mécanique, de l'arithmétique sont fixes, invariables, les mêmes partout en tout temps.

Mais chacun sait à merveille que ces « principes » ne s'appliquent point tout seuls ; que tout dépend de l'intelligence, du bon sens, de l'application de l'homme chargé de les mettre en œuvre ; qu'un médecin ignorant tue son malade, qu'un architecte malhabile n'élève que des murs qui s'écroulent, — sans que les principes cessent d'être les principes.

Et on cherche les « hommes » ; on comprend toute l'importance des « hommes » ; on sait tout leur prix, toute la grandeur de leur rôle.

S'agit-il de politique ? Tout change !

Le premier microcéphale venu, le dernier même, paraît apte aux plus grands rôles. Il sera tour à tour destiné aux postes administratifs les plus élevés. On le verra successivement ministre ici, ministre là, ministre ailleurs. On érigera en dogme que les personnages les plus effacés, les plus ternes, les moins instruits, les moins capables, sont les plus particulièrement désignés pour gouverner.

On ne les prendrait pas pour premiers commis chez Potin, pour premiers clercs chez Mᵉ Lebègue ;

on les proclame indispensables pour diriger leur pays !

Où cette façon de comprendre la politique a conduit la République, — on le voit.

Où elle conduirait rapidement la France, pour peu que les choses continuent, — il n'est que trop aisé de le comprendre.

Il faut en finir, il n'est que temps d'en finir !

Plus de nullités ! plus d'incapables ! Des hommes, monsieur le Président de la République ! des hommes, et les meilleurs ! il y va de l'existence de la République, de l'avenir même de la patrie !

L'ACTION

21 février.

D'un bout à l'autre du parti républicain, menacé, outragé, entamé sur tous les points du territoire, on n'entend qu'un cri: « Il faut un gouvernement d'action, d'action énergique et vigoureuse contre l'entreprise césarienne ! »

Chaque heure qui s'écoule accroît le danger. Voilà huit jours que nous sommes sans ministère et

de longs mois que nous sommes sans gouvernement.
Et, devant ce néant, le soldat factieux que ses pairs
ont chassé de l'armée, le démagogue, à la solde des
partis de monarchie, qui a jeté le gant à la République, M. Boulanger continue à organiser une conspiration qui s'étend sur la France entière et qui, par
l'audace de ses tentatives, par la discipline de ses
bandes, par les ressources inépuisables de sa caisse,
par l'impunité qui lui est assurée, se pose, s'annonce, s'élève comme le gouvernement de demain.

Il faut en finir. La conquête de la République a
coûté trop cher, depuis près d'un siècle, à cet infor-
tuné pays pour que le viril effort que réclame l'intérêt suprême de la patrie ne soit pas tenté avec le
concours de tous les bons citoyens, de tous les amis
de la Liberté, de tous ceux qui ont la sainte haine
de la dictature.

Il faut un gouvernement, un gouvernement qui
agisse, un gouvernement qui réveille de leur sommeil les lois, les lois de salut, les justes lois de la
République.

Non, la parole de Thiers ne sera pas, une fois de
plus, une vérité! Non, la République ne périra pas,
une fois de plus, dans l'imbécillité ou dans le sang!...

LE MINISTÈRE

22 février.

La crise est terminée ; le ministère est ainsi constitué :

Présidence du conseil et ministère du commerce : Tirard ;

Intérieur : Constans ;

Finances : Rouvier ;

Guerre : de Freycinet ;

Marine : amiral Jaurès ;

Justice : Thévenet ;

Instruction publique : Fallières ;

Travaux publics : Yves Guyot ;

Agriculture : Faye.

Le titulaire des affaires étrangères sera ultérieurement désigné (1).

Le cabinet présentera samedi sa déclaration aux Chambres.

Nous n'avons pas cessé de demander au minis-

(1) M. Spuller fut nommé le lendemain en remplacement de M. René Goblet.

tère radical une politique ferme, résolue, énergique, l'application des lois, des actes, et non des attitudes, contre la conspiration césarienne.

Notre langage ne changera pas parce que les hommes ont changé.

II

LES LOIS SE RÉVEILLENT...

RÊVE ET RÉALITÉ

23 février.

Sur la table rase que le vote de la Chambre avait faite, nous avions rêvé, à quelques-uns, de voir s'élever un gouvernement qui eût, tout à la fois, opposé à la conspiration boulangiste une action vigoureuse, énergique, continue, et qui eût apporté, sans fausse honte, un programme d'apaisement aux trois ou quatre millions d'électeurs que le radicalisme intransigeant s'est obstiné à traiter en parias à l'intérieur et qu'il a jetés ainsi, sans conserver pour cela ses propres troupes, par dépit, dégoût et colère, entre les bras d'un César de carrefour.

Nous ne rougissons pas d'avoir fait ce rêve: nous en sommes fiers. Il a vécu huit jours, le temps d'une crise ; ce n'est pas à dire qu'il ne revivra pas. C'était la vérité ; en attendant, voici la réalité. Nous gardons toute notre foi, qui était une foi raisonnée ; allons-nous cependant nous transformer en nymphe Echo et faire retentir les bois d'alentour ? Les merles nous siffleraient.

La réalité, c'est le ministère que M. Tirard a constitué avant-hier et qui se présente avec ce triple programme : faire voter le budget, assurer le succès de l'Exposition, défendre la Constitution.

Je n'ai rien à dire à la presse d'extrême gauche qui a accueilli ce ministère par une bordée d'injures : eût-elle injurié davantage un ministère qui ne se fût pas annoncé comme un gouvernement de conciliation et de détente ? C'eût été difficile, mais nous connaissons le vocabulaire de nos paroissiens : ce n'eût pas été impossible. M. le président du conseil a attribué le portefeuille des travaux publics à l'un de ses anciens et plus ardents concurrents, M. Yves Guyot, économiste distingué — tous les économistes le sont — et rédacteur à la *Lanterne*. La *Lanterne* riposte en excommuniant son collaborateur d'hier et en traitant le cabinet, avec l'autorité qui lui appartient, de ministère « de déconsidération et d'impopularité ».

Je n'engage donc pas de dialogue avec la *Lanterne* ou avec la *Justice* ; c'est à d'autres que je m'adresse, à ceux qui conseillaient d'opposer au boulangisme, qui, tout hybride qu'il soit, est quelque chose de très clair et de très net, de lui opposer quelque chose qui ne fût, dans un autre sens, ni moins net ni moins clair. Certes, et je suis le premier à le reconnaître, et non sans regret, la réalité d'aujourd'hui ne vaut pas le rêve d'hier. On accordera bien, en revanche, que la réalité d'hier valait moins que la réalité d'aujourd'hui. Avec le ministère d'hier, le radicalisme était la doctrine officielle : il ne l'est plus aujourd'hui. Le ministère d'hier était celui de la revision et de l'impôt du revenu : le ministère d'aujourd'hui défendra la Constitution, et l'impôt du revenu est allé rejoindre les vieilles lunes. Enfin il est permis peut-être de penser que de M. Floquet à M. Tirard, de M. Peytral à M. Rouvier, de M. Goblet à M. Spuller, de M. Guyot-Dessaigne à M. Thévenet, il y a progrès.

Si nous comptons plusieurs de nos amis, et des meilleurs, dans le ministère du 22 février, on nous connaît assez pour savoir que des considérations de cette nature ne dictent pas nos jugements. Nous avons, plus d'une fois, dit à nos amis des vérités qui leur ont paru dures : le cas échéant, nous continuerons à préférer la vérité à Platon. La question est ailleurs : puisque le cabinet ne veut ou ne peut pas prendre pour programme toute la politique qui lui avait été, à tort ou à raison, recommandée, il s'agit de savoir s'il est résolu à appliquer, avec une fermeté de tous les instants, avec une énergie invincible, la partie du programme sur laquelle tous les républicains sans exception, à quelque nuance qu'ils appartiennent, sont d'accord : la lutte, sans trêve ni merci, contre la conspiration césarienne.

A ce prix, il peut réparer non pas toutes les fautes du passé, mais les fautes les plus lourdes, celles qui ont permis de remettre en question la République elle-même et la Liberté ; à ce prix, il peut rendre à la République la force, la tranquillité et la paix qui sont nécessaires pour réparer les autres fautes et pour éviter les pires catastrophes.

LA VRAIE DÉCLARATION

24 février.

Le *Corpus* des déclarations ministérielles (1 volume *in-folio*) s'est enrichi d'un nouveau document que M. Tirard, président du conseil, a lu hier à la Chambre et que M. Thévenet, garde des sceaux, a porté au Sénat. La déclaration a été applaudie dans l'une et l'autre Assemblée : elle le méritait au même titre que ses 268 aînées. Elle n'a été acclamée nulle part : ses auteurs, qui sont hommes d'esprit, ne s'y attendaient pas.

Les entregloseurs, race détestable que maudissait déjà Montaigne, vont vraisemblablement s'escrimer pendant huit jours sur le sens de l'adjectif « tolérante » dans cette phrase : « Assurer par une politique large, *tolérante* et sage le succès de l'Exposition. » Les ennemis nés de tout ministère vont l'appliquer aux boulangistes; ce sera une grossière et gratuite injure aux ministres. Cette épithète sera considérée comme une invite à la concentration par M. Ranc, arrière-petit-fils du montagnard Duroy, dont M. Renan parlait jeudi à l'Académie, et qui s'écriait, la tête sous le couteau : « Unissez-vous, embrassez-vous tous; c'est « le seul moyen de sauver la République! » D'autres, enfin, y verront la préoccupation de la politique d'apaisement, de justice et d'équité que l'immense majorité du suffrage universel appelle; mais le moindre grain de mil ferait mieux leur affaire.

Pour nous, la vraie déclaration ministérielle n'est pas celle qui a été lue au coin du quai d'Orsay : c'est la circulaire que M. le préfet de police Lozé a reçue hier de M. le ministre de l'intérieur et dont voici le texte :

Paris, le 23 février.

Monsieur le Préfet,

Je vous prie de vouloir bien informer MM. les délégués des chambres syndicales et groupes corporatifs indépendants de la

Seine, qui ont annoncé leur intention de se présenter demain, dimanche 24 février, au ministère de l'intérieur, que je ne pourrai les recevoir.

Vous voudrez bien aussi leur faire savoir que tout rassemblement, tout attroupement sur la voie publique, seront sévèrement interdits et que la préfecture de police ne tolérera aucune manifestation.

Le Ministre de l'Intérieur,

CONSTANS.

Enfin! voilà qui est simple et catégorique, qui sonne net et clair; voilà qui est parler, non plus pour ne rien dire, mais pour l'action. J'aime autant que qui que ce soit la belle prose et je me permettrai d'être moins sévère que l'illustre auteur de l'*Abbesse de Jouarre* pour les grands orateurs de la Révolution; mais je donnerais tous les discours de Maximilien de Robespierre pour le moindre acte de résolution et d'énergie. Le grand défaut de beaucoup de républicains a toujours été de parler au gouvernement comme dans l'opposition; l'opposition a son langage, le gouvernement a le sien. M. Charles Floquet ne l'a jamais compris, et il est probable qu'il atteindra l'âge du vénéré Chevreul sans s'en rendre compte. M. Constans, lui, le comprend. Hé! certes, non, je n'en fais pas un crime au ministre d'hier; on devient cuisinier, mais on naît rôtisseur. M. Constans, lui, a le sentiment de l'administration: les délégués des chambres syndicales, il ne les recevra pas; les rassemblements, les attroupements sur la voie publique, il ne les tolérera pas. Un point, c'est tout.

Si mes souvenirs sont exacts, les plus éloquentes prosopopées de M. Floquet n'avaient pas le don d'émouvoir beaucoup M. Boulanger; je vous réponds que le sens exact de la petite circulaire de M. Constans n'aura échappé ni à M. Boulé, ni à aucun de ses patrons que vous connaissez.

SOUDARD ET DUCHESSES

27 février.

Notre correspondant de Londres, qui est en situation d'être particulièrement bien renseigné, écrit qu'à la suite de la visite de M. Arthur Meyer à Sheen-House, M. le comte de Paris a décidé que M. le comte Dillon ferait désormais partie du comité central conservateur, qui siège à Paris et qui dirige les opérations des partis réactionnaires.

M. le baron de Mackau aurait été vivement opposé à cette adjonction; le comte de Paris a passé outre.

Cette décision est à rapprocher de la désignation de M. Bocher, sénateur, comme délégué général du comte de Paris en remplacement de M. Lambert Sainte-Croix, qui avait refusé de se prêter plus longtemps à l'entente orléano-boulangiste, et, également, du remplacement de M. Ferdinand Duval, royaliste antiboulangiste, comme directeur du journal *la Petite Presse*.

1er mars.

La visite de M. Arthur Meyer à Sheen-House a eu pour résultat immédiat l'entrée de M. Dillon dans la junte suprême conservatrice; la visite de M. le prince de Léon au même quartier général aura, le 7 mars, un résultat que nous raconte notre correspondant de Londres, et qui, pour paraître plus frivole, n'en est pas moins important.

« C'est décidément le 7 mars, écrit notre correspondant, qui a été choisi pour *la communion des nobles boulangistes*. Mme la duchesse d'Uzès en fait les frais. La duchesse, dont on connaît l'admiration pour M. Boulanger et l'amitié pour M. Arthur Meyer, a déjà cherché, à plusieurs reprises, à rapprocher officiellement de son héros — j'entends M. Boulanger — les représentants autorisés de la noblesse royaliste. Elle avait échoué; sauf quelques mandarins de boutons inférieurs, comme on dit en Chine, le faubourg Saint-Germain s'était dérobé à l'honneur d'être présenté à l'ami de M. le marquis de Rochefort. La duchesse avait voulu profiter, l'automne dernier, d'une chasse donnée en l'honneur des grands-ducs russes pour opérer la fusion officielle ; les grands-ducs russes déclarèrent qu'ils n'assisteraient pas à une chasse où M. Boulanger serait invité. Aujourd'hui, la duchesse triomphe sur toute la ligne.

« Il a fallu, pour assurer cette victoire, une longue et laborieuse négociation qui aurait réjoui Tallemant ou Dangeau. C'est M. le prince de Léon qui en a été chargé auprès de M. le comte de Paris ; il est venu à Sheen-House, il a exposé la situation avec un soin méticuleux et il est reparti pour Paris avec des instructions formelles. M. le comte de Paris entend que la communion se fasse autour de la table semée d'œillets rouges et de roses, et il accepte que le cérémonial soit réglé pour le plus grand honneur de son représentant en France, M. le général Boulanger.

« On m'affirme — mais je ne vous donne cette nouvelle, quelque vraisemblable qu'elle soit, que sous réserves — qu'au cours de ces derniers entretiens avec les visiteurs de Sheen-House, M. le comte de Paris a fourni la preuve authentique, officielle et paraphée, de sa confiance en M. Boulanger.

« Il y a deux ou trois jours, la liste des privilégiés, j'entends des invités au dîner de Mme la duchesse d'Uzès, était la suivante : M. Boulanger,

duc et duchesse de la Trémoille, comte et comtesse
H. de Guigné, comte et comtesse de Caraman, née
Padoue, comte et comtesse de Chevigné, vicomte
et vicomtesse d'Hunolstein, marquis et marquise de
la Ferronnays, prince et princesse de Léon, comte
et comtesse de Mun, marquis et marquise d'Hervey
de Saint-Denis.

« Quant à M. le duc de la Rochefoucauld-Dou-
dauville, il ne dînera pas, mais il viendra tout de
suite après le festin et se rendra au fumoir, où il
se trouvera en présence du « général ». Tous ces
enfantillages ont été traités comme de véritables
affaires d'État; ils prouvent, au moins, que le dernier rempart de la pudeur orléaniste n'aura pas été
enlevé sans peine et que les petits-fils des croisés
ne se résignent pas, sans quelque honte, à aller
serrer la main et baiser la botte de l'ancien courtisan du duc d'Aumale.

« La réception d'après dîner ne comptera que
des membres de ce qu'on est convenu d'appeler la
haute société; cinq cents personnes ont été in-
invitées. Le défilé sera fort curieux. Par exception,
si je suis bien informé, les dames ne seront pas pré-
sentées au « général ». M. Boulanger se trouvera
aux côtés de la maîtresse de la maison, qui lui nom-
mera les arrivants au fur et à mesure qu'ils vien-
dront la saluer. Il est convenu qu'on taira les noms
des assistants afin de ne pas effaroucher les frères
et amis du banquet de Saint-Mandé. »

La *Presse* et l'*Intransigeant* ont démenti la nouvelle relative à M. Dillon, que nous avons publiée avant-hier : — peut-être n'a-t-on pas oublié que les lettres au duc d'Aumale avaient été également démenties par M. Boulanger; — le dîner chez la duchesse ne sera pas décommandé.

LE COUP DE BARRE

2 mars.

Nos bons amis des départements n'en croient pas leurs yeux. Un gouvernement qui ne prend plus les attitudes pour des actes, qui agit, qui se défend, qui se fait respecter; un gouvernement qui est un gouvernement... Quoi ! nous reverrions donc la terre promise !

Quoi ! l'on ne met plus des gants pour parler aux émeutiers de profession, pour leur rappeler que la rue, puisqu'elle appartient à tout le monde, appartient un peu aussi à la force publique, pour les aviser que la moindre manifestation tumultueuse sera réprimée avec une énergie inflexible... Vous rappelez-vous le temps où une circulaire officielle

autorisait les terrassiers grévistes, conduits par le
même Boulé, à détruire les outils et à renverser les
tombereaux de leurs camarades qui travaillaient?
Il n'y a pas sept mois de cela... Quoi! l'on n'hésite
plus ailleurs, que dans quelques journaux, à professer que les appels à la révolte, que les manifes-
tants qui excitent l'étranger à la haine et au mépris de leur propre pays, tombent sous le coup
du Code pénal, et sont justiciables des tribunaux de
droit commun... Vous souvient-il des beaux jours
où la Ligue, garde d'honneur du César de carrefour qui n'était pas encore officiellement le lieu-
tenant-général de M. le comte de Paris, avait licence entière de défier le pouvoir assoupi, de
braver la loi endormie? Et s'il vous en souvient,
car il n'y a pas trois jours de cela, regrettez-vous
ces temps?

Messeigneurs les boulangistes d'en haut et d'en
bas, de gauche et de droite, il faut en prendre votre
parti : la République a cessé d'être la bonne
fille qui, sous prétexte de radicalisme et de libéralisme, se laissait insulter, menacer, bafouer, frapper du matin au soir, qui n'avait jamais fini de
tendre l'autre joue! Le président du conseil d'alors
savait venger les injures qu'il avait reçues dans sa
personne; il les vengeait bravement, l'épée à la
main. Les injures à la République, à la Loi, étaient
en revanche, passées au compte toujours ouvert des
profits et pertes... On changera cela. Où nous

menait le système — si l'on peut appeler cela
un système — qui consistait à n'opposer aux pires
rébellions que des gestes mélodramatiques et
des refrains révolutionnaires, on le sait... Les
pierres elles-mêmes, selon la prophétie de Gambetta, se levaient pour protester contre l'anarchie.

On en était là que le mauvais soldat, le mauvais
citoyen qui avait déchaîné le désordre finissait par
paraître à un tas de braves gens — selon les calculs
savants qu'il refaisait pour son compte après
M. Bonaparte — comme le seul restaurateur possible de l'ordre. Eh bien, l'ordre qu'il menaçait et
qu'il troublait, nous le rétablirons nous-mêmes !

Au comité directeur de la Ligue dite des patriotes
qui, « au nom de 240,000 ligueurs », — pendant que
le comité y était, on se demande pourquoi il n'est
pas allé au demi-million, — dénonce à un pays
étranger le gouvernement de la République, le ministère a répondu par la clôture du local où se réunissait cette société non autorisée et par des
perquisitions, préface de poursuites.

L'incident du cosaque Atchinoff (1) avait paru aux
lieutenants ordinaires de M. Boulanger une occa-

(1) M. Goblet, étant ministre des affaires étrangères, avait fait
bombarder l'îlot de Sagallo où le cosaque Atchinoff s'était ins-
tallé au mépris des traités. Ce bombardement précipité était
une faute où l'on retrouvait toute la maladresse ordinaire de
M. Goblet, mais point la tradition française. Le devoir de tous

sion excellente de tâter le gouvernement ; ils ont tâté, ils savent, maintenant, à quoi s'en tenir. Si le cœur vous en dit, continuez ! Non pas que quelqu'un vous dénie le droit de combattre le gouvernement par tous les moyens légaux : nous ne vous ferons jamais l'honneur de voiler pour vous la statue de la Liberté. Mais vous n'avez pas le droit de vous ériger en gouvernement en face du gouvernement légal, et de vous constituer en État dans l'État : la Liberté, ici, n'a plus rien à voir ; il ne s'agit plus, ici, que de l'ordre. Le progrès n'est que le développement de l'ordre. L'ordre ne sera plus impunément troublé...

Tout n'est pas fini parce que M. le ministre de l'intérieur a, coup sur coup, interdit la rue à une manifestation insurrectionnelle et frappé une association factieuse, ou parce que M. le garde des sceaux a réveillé les parquets de leur sommeil. Mais le coup de barre est enfin donné !

les bons citoyens était, quand même, sans distinction de parti, de jeter sur ce fâcheux événement le pieux manteau ; le comité de la Ligue le dénonça dans une adresse violente à l'indignation du peuple russe.

LE RENARD AYANT LA QUEUE COUPÉE

FABLE (1)

A Monsieur G.-B. Clémenceau,
député-médecin.

4 mars.

Un vieux (2) renard, mais des plus fins,
Grand croqueur de poulets, grand preneur de lapins (3)
    Sentant son renard d'une lieue,
    Fut enfin au piège attrapé (4).
    Par grand hasard en étant échappé
Non pas franc (5) car pour gage il y laissa sa queue (6);
S'étant, dis-je, sauvé sans queue et tout honteux,
Pour avoir des pareils (7), comme il était habile,
Un jour que les renards (8) tenaient conseil entre eux :
« Que faisons-nous, dit-il, de ce poids inutile,
Et qui va balayant tous les sentiers fangeux ?
Que nous sert cette queue ? il faut qu'on se la coupe (9):
    Si l'on me croit chacun s'y résoudra.
— Votre avis est fort bon, dit quelqu'un de la troupe (10);
Mais tournez-vous de grâce et l'on vous répondra (11). »
A ces mots, il se fit une telle huée,
Que le pauvre écourté ne put être entendu.
Prétendre ôter sa queue eût été temps perdu :
    La mode en fut continuée.

LA FONTAINE.

COMMENTAIRES

(1) Un mot suffit à notre vieille langue pour rendre « ayant la queue coupée » ; le *Renard escoué,*

dit Corrozet. S'emploie également au figuré. Après
la double élection du « général » Cluseret, dans le
Var, et du « général » Boulanger, dans la Seine,
M. Clémenceau, député du Var et de la Seine, est
un député *escoué*.

(2) *Vieux...* M. Georges-Benjamin Clémenceau
est né à Mouilleron-en-Paret, en 1841. *Vieux* est
exagéré ; c'est de l'intransigeance. C'est ainsi que
pour dire en langage intransigeant : « Je ne suis pas
d'accord avec M. Spüller sur la séparation de
l'Église et de l'État », on dit habituellement :
« M. Spüller est vendu au pape ; c'est un clérical
fieffé. »

(3) *Grand croqueur de poulets, grand preneur de
lapins...* M. Clémenceau a renversé successivement
tous les ministères depuis 1881.

(4) *Au piège attrapé...* Les élections du Var et de
la Seine, où M. Clémenceau fut abandonné par la
très grande majorité de ses troupes qui passèrent
au « général » Cluseret et au « général » Boulanger.

(5) *Non pas franc*, c'est-à-dire sans avoir souffert
de dommage ; battu sur toute la ligne et sans espoir
de revanche. La masse des électeurs de M. Jacques,
candidat républicain, contre M. Boulanger, était
composée de républicains modérés, opportunistes.

(6) *Sa queue...* Son mandat. M. Clémenceau, renard des plus fins, avait pu ne pas prévoir le piège,
mais il se rendait bien compte qu'il ne serait réélu
ni dans la Seine, ni dans le Var.

(7) *Pour avoir des pareils...* C'est-à-dire pour que les autres députés, ses collègues à la Chambre, ne pussent pas siéger à la prochaine Assemblée dont il se trouverait lui-même exclu par force majeure électorale. —Dans la fable grecque : « Pour cacher par le commun dommage sa propre honte. »

(8) *Les renards...* Les députés.

(9) *Il faut qu'on se la coupe...* En langage parlementaire, aucun des députés faisant partie de la Chambre élue en 1885 ne pourra faire partie de la Chambre de 1889 ; tous les députés sortants sont inéligibles. — Ce sujet a été traité par Esope, fable VII ; Faërne, fable LXI, et Corrozet, fable LXXII. M. Clémenceau qui annonce l'intention de déposer une proposition dans ce sens et qui a commencé une active campagne dans son journal, ne cite pas ces auteurs et renvoie à tort à Maximilien de Robespierre. Je dis *à tort*, avec les principaux commentateurs, parce que Robespierre, en faisant sa proposition d'inéligibilité à l'Assemblée constituante, était personnellement sûr de sa réélection à Paris et à Arras. Robespierre n'avait pas la queue coupée ; au contraire, M. Clémenceau est visiblement escoué.

(10) *Quelqu'un de la troupe...* Un député qui n'avait pas encore été pris au piège, qui avait gardé une majorité parmi ses électeurs, qui n'avait pas perdu la confiance des républicains.

(11) *Et l'on vous répondra...* Molière a rendu une

idée analogue dans la scène Ire de l'*Amour médecin :*
« Tous ces conseils sont admirables assurément,
dit Sganarelle à ceux qui lui donnent des conseils
selon leur état, mais je les trouve un peu intéressés,
et *trouve que vous me conseillez fort bien pour
vous...* Vous êtes orfèvre, monsieur Josse. » La
fable ésopique dit tout simplement : « Si ce n'était
pas ton intérêt personnel, tu ne nous donnerais pas
ce conseil. »

AUTRE DÉJEUNER

5 mars.

Les marquises et les duchesses ne suffisent plus
au palais vite blasé de M. Boulanger : il lui faut
maintenant des princes du sang.

Les indiscrétions de notre correspondant de Londres avaient fort gêné les petit-fils des croisés qui
ont accepté de communier le 7 mars, chez Mme la
duchesse d'Uzès, avec l'ami de MM. Vergoin et
Rochefort. On avait essayé de démentir l'entrée de
M. Dillon dans la grande junte électorale dont le
secrétaire général est M. Eugène Dufeuille : comment

démentir le dîner? L'on s'est borné à faire passer dans plusieurs journaux pour demander le silence sur les informations qui nous viennent des environs de Sheen-House.

Le beau général a ri, dans sa barbe blonde, de ces belles pudeurs : il sait qu'on ne vient jamais aux rendez-vous coupables que triplement voilé ; pourvu qu'on y vienne, que lui importe le voile qui tombera avec le reste? Mais l'appétit vient en mangeant, — soit dit sans métaphores quand il s'agit de M. Boulanger ; car toute sa politique évolue entre un potage à la bisque et des truffes au champagne, — et M. Boulanger a exprimé le désir de dîner cette semaine avec l'héritier présomptif de l'un des plus puissants empires des deux mondes.

Le fourrier ordinaire de M. Boulanger, le grand seigneur brouillonnant et bourdonnant qui partage avec M. Arthur Meyer l'honneur d'avoir inventé la fusion orléano-boulangiste, M. de Breteuil, s'est mis aussitôt en campagne. Il s'est adressé d'abord à l'ambassadeur du grand pays dont le futur souverain est attendu à Paris, venant de la rive azurée où fleurissent les orangers ; l'ambassadeur ne s'est pas fait prier et il a accepté de dîner, pas plus tard qu'avant-hier, avec l'ancien ministre de la guerre. Pour un ambassadeur, se rencontrer, après en avoir été prévenu, avec un personnage de l'espèce de M. Boulanger, soldat chassé de l'armée, mauvais citoyen qui vit en état de rébellion ouverte contre le gouvernement de son pays, c'est peut-être d'une correction douteuse. Mais l'ambassadeur en question est, de son métier, romancier et poète ; il a pensé sans doute qu'il pouvait, sans autre inconvénient, souper avec M. Boulanger comme avec telle autre célébrité ou curiosité parisienne, Mlle Lavigne ou Grille-d'Égout.

Quant au prince, c'est une autre affaire ; si nos renseignements sont exacts, il se montrerait, en effet, plus scrupuleux et plus raffiné que l'ambassadeur. Il lui a été donné, le jour de la chute du ministère Floquet, de lorgner de sa tribune l'ami de M. Vergoin que lui montrait M. le marquis de Breteuil. Il paraît que cela lui a suffi et qu'il refuse de faire plus ample connaissance avec le héros de M. Paulus. C'est le contraire qui, d'un homme de goût et de sens, nous eût étonné.

L'ACTION CONTINUE

8 mars.

Lentement, mais sûrement, est une belle devise
politique ; elle a été donnée au parti républicain par
le meilleur de nos amis, par le plus ancien collaborateur de ce journal ; elle est, elle reste profondément
vraie. Est-elle toujours d'une application aisée ?
C'est une autre affaire. Je ne dirai certes pas à
Spüller :

> Mais, quand vous avez fait ce charmant *Quoi qu'on die*,
> Avez-vous compris, vous, toute son énergie ?

J'insiste cependant sur le *mais* qui joint *lentement*
à *sûrement*. M. le ministre des affaires étrangères
n'a point écrit : « *Lentement* ET *sûrement* », comme
on dit, par exemple : « *Célérité et discrétion* ». Il a
écrit, avec un sens profond : « *Lentement*, MAIS
sûrement ; » MAIS, c'est-à-dire : lentement à la condition d'aller sûrement ; il s'agit d'abord d'aller
sûrement ; pour aller sûrement, il est souvent nécessaire d'aller lentement : donc, ne craignons pas,
quand il est nécessaire, d'aller lentement. S'ensuit-il

qu'il soit impossible, le cas échéant, d'aller à la fois vite ET sûrement? Bien au contraire! Une charge de cavalerie, par exemple, n'atteint sûrement son objet, qui est de disperser un gros de tirailleurs ou d'emporter une batterie, qu'à la condition d'être déchaînée au triple galop. Voyez-vous une charge de cavalerie au petit pas, le pas mesuré qui est recommandé aux omnibus et aux tramways? Ici, comme partout, il n'y a pas de règle absolue. Il est tel cas où aller trop vite, c'est risquer de se rompre le col. Il est tel autre cas où le trop de lenteur compromet la sécurité même. Le mérite ou l'habileté, quand il s'agit de simples particuliers, le devoir, quand il s'agit du gouvernement, est de bien distinguer les cas.

Dans l'affaire de la Ligue dite des patriotes, le gouvernement est-il allé lentement, mais sûrement? Est-il allé trop lentement? On dit déjà et l'on a même eu le temps de redire que l'entr'acte a été bien long qui a suivi le premier acte, si vif et si rapide. Parmi ceux qui parlent ainsi, il y a d'abord quelques excellents radicaux qui, sous le dernier cabinet, imaginaient que les belles attitudes du premier ministre d'alors suffiraient à réduire les conspirateurs césariens en poudre : on peut laisser parler ces prêcheurs d'exemple. Mais il y en a d'autres qui ont quelque droit, peut-être, à être écoutés et qui font observer qu'il n'y a point d'énergie, de vigueur et de fermeté dignes de ces beaux noms sans continuité et sans suite. Un cheval, surtout s'il est noir, finira toujours par désarçonner le cavalier qui ne lui fait sentir le mors ou l'éperon que par à-coups : il faut que la bête soit tenue continuellement en haleine. Confiant dans l'efficacité du coup de cravache que vous lui avez administré, laissez-lui le temps de se reconnaître : vous ferez, vous, connaissance avec le sable de l'arène.

Dans la crise que nous traversons, ce qui fait de l'énergie méthodique et continue une règle plus impérieuse que jamais, c'est que l'on a visiblement affaire à un ennemi qui connaît fort bien la différence entre les paroles et les actes et que le moindre acte de vigueur trouble et fait aussitôt reculer. C'est, ensuite, que le parti républicain tout entier ne demande au gouvernement qu'une chose, de le conduire avec décision et courage à la bataille. Chaque fois que le ministère Floquet a fait mine de répondre par des actes aux provocations de la faction boulangiste, il a eu tous les républicains derrière lui : quel est le suffrage qui a manqué à la lettre de M. le ministre de l'intérieur au préfet de police et à la décision qui a dissous la Ligue des patriotes ? Quand on a ainsi le vent en poupe, ce n'est pas le moment de carguer les voiles : c'est le moment de les offrir tout entières au vent qui souffle...

LE DUC D'AUMALE

9 mars.

Le gouvernement a décidé le rappel du duc d'Aumale. C'est une mesure juste, équitable, libérale; c'est un acte de bonne politique, de politique généreuse, de politique vraiment républicaine et vraiment française.

Quand M. le duc d'Aumale, sortant de la réserve qu'il s'était imposée depuis l'établissement de la République, adressa à M. Grévy la lettre du 11 juillet 1886, nous n'avons pas hésité à approuver la mesure qui le frappa aussitôt et que M. de Freycinet ne prenait pas sans tristesse, mais qu'il avait le devoir étroit de prendre. Mais la mesure qui renvoyait en exil le duc d'Aumale était, en vertu de la loi même sur les prétendants, essentiellement révocable. L'attitude du duc d'Aumale depuis que le territoire de la République lui a été interdit, la donation admirable qu'il a faite à l'Institut de France, la haine et le mépris qu'il n'a cessé de professer contre l'aventurier césarien qui menace la liberté et l'honneur même de la patrie, ont plaidé alors, non moins que les titres anciens du vieux soldat d'Afrique, la cause de la clémence en sa faveur. J'ai été des premiers à réclamer, dans la presse, la mesure que M. Floquet s'était contenté de promettre et que M. Constans signera aujourd'hui. Nous félicitons le ministère d'avoir pris cette résolution.

MARQUISES ET DÉMAGOGUE

10 mars.

Le Dangeau de M. Boulanger — c'est M. Chincholle — a narré pour la postérité, avec une abondance de détails exquis, la fête que Mme la duchesse d'Uzès a donnée à M. Boulanger. Il a raconté la fanfare de Bombelles jouant l'air des *Pioupious d'Auvergne* à l'entrée du « général » dans le salon, après avoir sonné les honneurs à son entrée dans le jardin ; les marquises, « toutes en clair », couvant d'un œil alangui ou enflammé le bel ami de M. Vergoin ; les plus grands noms de l'ancienne France, les plus beaux noms de l'épopée napoléonienne, le comte de la Rochefoucauld et le comte Jean de Montebello, le prince de Broglie et le prince de Tarente, le prince de Polignac et le

comte de Talhouët, se faisant « nommer » tour à
tour au patron de M. Rochefort... Je m'attendais
à voir, hier matin, les journaux de la maison de
France et ceux de la boulange exulter à la lecture
de ce récit, se jeter dans les bras les uns des autres
avec de petits cris de joie pour fêter la grande réconciliation, la communion sainte des marquises et
des démagogues. O déception! ô revirement inexplicable! Les journaux fleur de lis en semblent
tout honteux, envoient Chincholle à tous les
diables, boudent la duchesse, « qui, seule, portait
au corsage l'œillet rouge », — ce qui prouve que,
seule, elle a le courage de ce qu'elle fait, — et
qu'un malotru appelle même la duchesse Clicquot,
comme s'il ne valait pas mieux faire du bon champagne que de la mauvaise politique!

Mais les journaux césariens ne sont pas plus
fiers : M. Laguerre, qui était invité après dîner,
en cure-dents, relègue le festin parmi les faits divers de la *Presse*; M. Lalou, qui n'était pas invité
du tout, déclare que des sujets plus importants
qu'une réception au faubourg Saint-Germain sont
faits pour fixer l'attention de la *France*; M. le marquis de Rochefort, qui appartient, lui aussi, à cette
portion du parti qu'on n'emmène pas dîner en ville,
— ce qui est bien injuste, car évidemment il saurait se tenir aussi bien dans le monde que M. Arthur Meyer, et il est de noblesse, dit-on, plus ancienne que M. Dillon, — M. de Rochefort, avec

cette pudeur charmante qui a oublié de précéder
le péché, ne souffle mot dans l'*Intransigeant* ; pour
un peu, c'est M. Jules Ferry qu'il accuserait d'avoir
dîné chez la duchesse d'Uzès, entre le prince de
Léon et le comte d'Harcourt.

« La fête chez Thérèse » embarrasse nos bons
alliés, M. Boulanger balbutiant des excuses devant
Charonne, les petits-fils des croisés bégayant des
circonstances atténuantes devant les portraits de
leurs ancêtres. — Charonne n'aime pas les duchesses en clair, « rose, vert d'eau ou mauve »,
ce dont je blâme Charonne ; les ancêtres n'aiment
pas qu'on s'encanaille, ce dont je les loue. — Mais
la rentrée de M. le duc d'Aumale les trouble, les
uns et les autres, encore plus.

M. de Rochefort, dans l'*Intransigeant*, a beau
rouler son vieux tonnerre à grelots ; comme il ne
tient pas encore les 180,000 lecteurs de sa gazette
en charte privée, il ne les empêchera pas de connaître le mot de M. Boulanger lui-même : « Savez-
« vous que M. Reinach a pris une initiative intel-
« ligente et courageuse en réclamant l'abrogation
« du bannissement du duc d'Aumale? » Et celui de
l'élève primé Georges Laguerre : « Dans six mois,
« quand nous serons au pouvoir, nous ferons ren-
« trer tous les princes, sans exception! » Le bon
peuple, qui ne prend pas toujours des vessies pour
des lanternes, finira peut-être bien par demander
quel est ce double jeu. Qui trompe-t-on ici? Et

que signifie le gros mensonge que M. Boulanger a débité à un reporter du *Gaulois* : « J'ai toujours « été opposé aux lois d'exil ! » alors qu'il est notoire — j'en appelle à M. Develle, à M. Lockroy, à M. Granet — que le ministère Freycinet, dont faisait partie M. Boulanger, a été unanime dans l'affaire de la loi de précaution contre les prétendants ?

Mais si la mesure qui rouvre les portes de France à M. le duc d'Aumale n'a pas l'heur de plaire à la faction césarienne, elle inquiète encore bien davantage ce qui fut autrefois le parti royaliste. M. le duc d'Aumale rentrant en France, c'est, en effet, le spectre de Banquo, c'est Banquo lui-même en chair et en os se dressant à toutes ces fêtes où les hommes qui naguère, aux côtés de M. le comte de Chambord, se revendiquaient fièrement de la vieille monarchie, grande et belle malgré ses fautes et ses crimes, qui avait fait la patrie et dont l'étendard était sans tache, — où ces autres hommes qui, hier encore, avaient le droit de s'enorgueillir de leur fidélité à la liberté et à l'honneur pendant les vingt années de honte et de tyrannie du second Empire, — où tous ces renégats viennent baiser aujourd'hui la botte du dernier des aventuriers, d'un caporal qui s'amuse.

Le remords vivant, le reproche vivant, le châtiment vivant, le voilà ! Quoi ! vous avez fait litière des lis blancs, des lis immaculés, sous le sabot de

ce cheval noir encocardé d'œillets rouges! Quoi!
cette Charte de 1830, tout ce passé libéral, toute
cette haine de la dictature qui était votre vertu,
vous l'offrez en pâture à cette bête de cirque!...

Ç'a été hier à la Chambre des députés, au cours
de l'interpellation sur la rentrée du duc d'Aumale,
une scène qui ne sortira pas de la mémoire de M. le
duc de la Rochefoucauld-Doudeauville que le spectacle de la majorité républicaine acclamant l'orateur (1) qui, dans un vigoureux et hardi langage,
proclamait, en réponse à de ridicules interruptions,
l'abdication ou plutôt la déchéance de la royauté.

Pâle et blême sous le vent des applaudissements
qui sonnaient sur ses joues, le noble duc poussait
des cris, faisait de grands gestes. Les applaudissements redoublaient, recommençaient sans se las-
ser... Non, vous n'avez plus le droit, ce droit que
tous vous reconnaissaient depuis dix-huit années,
de parler au nom de la monarchie. Cette monarchie que nous combattions, mais que nous respec-
tions parce qu'elle avait été la France, non, vous
n'avez plus le droit, monsieur le duc, de l'invoquer :
elle est morte. Vous l'avez tuée vous-même, vous
l'avez déshonorée! Ce que ni la Révolution elle-
même, ni la guillotine du 21 janvier 1793, ni février 48, ni l'exil n'avaient pu faire, vous l'avez
fait, vous, vous-mêmes, en saluant comme votre

(1) M. Sabatier.

chef, comme le chef suprême qui doit vous conduire à la bataille, le méchant démagogue, le soldat indiscipliné et rebelle qui s'appelle M. Boulanger... Eh bien ! non, la vieille monarchie ne méritait pas de finir ainsi !

M. Laguerre était là, au pied de la tribune, l'œil fixe et sévère, et M. le duc de la Rochefoucauld n'a pas osé braver ce fin et dur regard d'acier. Il s'était décidé à demander la parole pour répondre à l'interpellation — comment dirai-je? à l'injonction de vénerie — que lui avait lancée M. Sabatier : « Ici, monsieur le duc, ici! » Il avait une dernière occasion de répudier l'association bénie par M. Naquet. Il a confirmé le pacte : « Nous nous unirons « à tous ceux qui travaillent pour vous renverser! » Et comme une triple salve d'applaudissements accueillait, sur tous les bancs de la majorité, cet aveu cynique, M. le duc, dans une attitude sculpturale, regardant au plafond, ne comprenait pas. Mais M. Laguerre, lui, qui ne prend pas « les Maximes de la Rochefoucauld » pour une branche sous-cadette de la famille, M. Laguerre, lui, avait compris.

A son tour, le gouvernement a-t-il compris qu'il n'a qu'à vouloir? Dans la bataille contre la conspiration démasquée des démagogues et des pires revenants de l'ancien régime, il est la loi, il est la justice, il a la force. Il le sait : alors, pourquoi tâtonner? Qu'il marche! qu'il agisse! Que peut-il

craindre? Il n'y a plus, dans tout le parti républicain, un homme, un seul qui ne réclame de lui
des actes, les actes énergiques et décisifs.

Les radicaux, nombre de radicaux, hésitaient,
flottaient hier encore, indécis, entre ces deux sys-
tèmes : la vindicte des justes lois, la panacée des
prétendues réformes. Depuis que le pouvoir leur
a échappé, qu'il a glissé de leurs mains, ils n'hésitent plus, ils parlent comme nous : tous les jours,
avec une joie nouvelle, je vois M. Camille Pelletan
refaire mes anciens articles. Eh bien! marchez,
alors! car je ne connais, je ne découvre plus qu'un
seul danger : l'inaction.

Allez! agissez donc! Pas de coups d'épingle, pas
de petits paquets : les coups d'épingle irritent,
exaspèrent; ils ne tranchent pas, et il s'agit de
trancher dans le vif du complot. Tranchez, frappez!
Nous avons approuvé la dissolution de la Ligue
des patriotes : mais nous avons dit, dès le premier jour, que nous ne pouvions y voir que l'indice
d'une orientation nouvelle. Le vaisseau est bien
orienté : toutes voiles dehors !

UNE « JUSTE LOI »

12 mars.

Hier, au début de la séance, M. le président de la Chambre a donné lecture de la lettre suivante, qui lui était adressée par M. le procureur général à la Cour d'appel :

Paris, le 10 mars 1889.

Monsieur le président,

La Ligue des patriotes fut fondée en 1882 dans le but de développer chez nous l'esprit militaire, de préparer moralement et physiquement des soldats pour la France. La demande d'autorisation qu'elle forma dès cette époque ne fut point accueillie, mais l'association bénéficia d'une tolérance que le sentiment public a ratifiée durant plusieurs années.

Si la propagande à laquelle se limitait alors son action ne fut point toujours assez mesurée et assez prudente, la Ligue des patriotes n'en éveillait pas moins autour d'elle de nobles et généreuses sympathies.

Mais dès 1887, notamment lors de la revue du 14 juillet, la Ligue, sous l'inspiration de son président, se livrait à des manifestations bruyantes, injurieuses pour les chefs de notre armée, manifestations qui faisaient pressentir une prochaine et dangereuse évolution. En effet, au mois d'avril 1888, une scission éclatante se produisit entre ceux qui voulaient rester fidèles aux statuts primitifs et à l'origine de l'association, et ceux qui l'entraînaient dans des voies nouvelles.

Désormais la Ligue, qui continuera de s'appeler *Ligue des patriotes*, n'aura plus de commun que le nom avec celle qui s'était fondée en 1882. Déjà diverses manifestations extérieures avaient attesté qu'à l'action patriotique elle avait substitué une action politique illégale, et, si exagérée que fût l'importance que la Ligue se donnait à elle-même, cette action pouvait devenir dangereuse en troublant l'ordre ou en menaçant la paix.

La dernière de ces manifestations, c'est-à-dire l'ordre du jour voté le 27 février par le comité directeur de la Ligue des patriotes, à la suite des événements de Sagallo, et adressé par le télégraphe en Russie à des personnalités militaires, apparut comme pouvant tomber sous l'application de l'article 84 du Code pénal, et une information fut immédiatement requise, tant en vertu de cet article qu'en vertu des articles 291 et 292 du même Code pour association illicite.

La perquisition opérée le lendemain au siège de la Ligue des patriotes a amené la découverte de documents desquels il résulte que cette Ligue ne constitue plus en réalité qu'une entreprise factieuse contre les libertés politiques du pays.

Dès le mois d'avril 1888, un manifeste émanant de la Ligue et intitulé « Appel aux patriotes » avait exposé le nouveau programme de l'association : « Les fondateurs de la Ligue — y est-il dit — « ont compris qu'un nouveau devoir s'imposait à eux, « délivrer la France du joug de l'oligarchie qui l'avilit et qui la « ruine.. »

Et plus loin : « Devant l'anarchie gouvernementale qui nous « déshonore et qui nous perd, nous protestons contre la consti- « tution usurpatrice de 1875. »

Au dos de ce manifeste était imprimée une formule d'adhésion « au nouveau programme *nettement politique* de la Ligue », où il est dit que « le devoir urgent est de parer tout d'abord aux « difficultés de l'intérieur ».

On constate qu'à partir de cette époque la Ligue se livre à une propagande dont le but est exclusivement politique : à Paris, elle crée des comités dans tous les arrondissements ; en province, elle nomme des délégués qui s'emploient à constituer des comités divisionnaires, lesquels « doivent accepter absolument la direc- « tion morale du comité de Paris ».

Fidèle à son programme, ce comité prend une part active à l'élection du 27 janvier dernier, en vue de laquelle il dispose de fonds qui paraissent n'avoir pas eu pour unique provenance les cotisations régulièrement versées par les membres de l'association.

Puis l'effort d'expansion continue ; on cherche surtout pour Paris à compléter « en la simplifiant » l'organisation de la Ligue : chaque arrondissement de Paris est sectionné en quartiers et en groupements de rues par quartier ; les chefs de division et de subdivision forment pour chaque arrondissement un comité de quarante-deux membres sous les ordres du comité directeur, le tout, dit une circulaire qui porte la date de février 1889, « afin « de pouvoir dans le plus bref délai, sans avoir recours à la « poste, au télégraphe et à aucune autre administration, trans- « mettre un mot d'ordre à tous les ligueurs de Paris... lesquels « pourront ainsi en deux heures avoir entre les mains le même « avis... toutes les instructions et tous les renseignements devant « être centralisés entre les mains du chef d'arrondissement, qui « les recevra du comité directeur et qui les transmettra aux « chefs de quartier, lesquels les communiqueront immédiatement « aux chefs de section. »

Et le but de cette organisation est clairement indiqué par le document susmentionné dans les termes suivants : « En prévi- « sion des mesures arbitraires qui pourraient être prises par « le gouvernement contre la Ligue des patriotes, le comité direc- « teur a décidé de demander aux comités de Paris de se mettre « en état de mobilisation permanente. Par là le comité directeur « entend que toutes les forces respectives de chaque comité, « spécialement désignées pour cette mobilisation, devront se « tenir d'une façon permanente à la disposition du chef de l'ar- « rondissement, afin que, dans le cas où l'on essayerait de dis- « soudre la Ligue, elles puissent se retrouver promptement et « tout entières où il faudra. »

La Ligue des patriotes de 1882 avait cessé d'exister, et il va de soi que la tolérance que lui avait valu pendant quelques années l'idée généreuse de laquelle elle était née n'a jamais voulu ni pu s'étendre à la Ligue qui vient d'être dissoute.

Celle-ci se dressait en face des institutions établies, et elle en préparait le renversement en s'abritant sous un titre désormais mensonger. Sa dernière organisation en faisait même une sorte d'armée devant obéir passivement à des chefs désignés d'avance, sur la communication à ces derniers, par un comité directeur, d'un mot d'ordre soigneusement dissimulé ; c'est-à-dire que, d'après une jurisprudence constante et en dépit de la publicité de son existence et de sa propagande, la nouvelle Ligue des patriotes doit être considérée comme étant devenue une véritable société secrète, tombant sous l'application de l'article 13 du décret du 28 juillet 1848, maintenu par l'article 12 de la loi du 30 juin 1881.

Les membres ont en outre et incontestablement commis le délit prévu et puni par les articles 291 et 292 du Code pénal, et par l'article 2 de la loi du 10 avril 1834 sur les associations illicites ; et il y a même lieu, pour l'information, de rechercher si les faits ci-dessus rappelés ne constituent pas les provocations à des crimes ou à des délits, prévues par l'article 293 du Code pénal.

La justice a surtout le devoir de poursuivre ceux qui ont été les inspirateurs et les chefs de cette nouvelle ligue. Parmi eux se trouvent MM. Turquet. et Laisant, qui en étaient les vice-présidents, et M. Laguerre, qui en était le délégué général, tous trois membres de la Chambre des députés.

En conséquence, j'ai l'honneur de vous prier, monsieur le président, de vouloir bien soumettre aux délibérations de la Chambre des députés la présente lettre, par laquelle je demande l'autorisation de poursuivre, pendant la durée de la session parlementaire, MM. les députés Laguerre, Turquet et Laisant, en vertu des articles 291, 292 et 293 du Code pénal, 1 et 2 de la loi du 10 avril 1834, et 13 du décret du 28 juillet 1848, pour être par l'autorité judiciaire compétente ultérieurement requis et statué ce qu'il appartiendra.

Le procureur général,
C. BOUCHEZ.

La droite, au commencement de cette lecture, avait jugé habile d'interrompre par des ricanements gracieux et des applaudissements les citations injurieuses, diffamatoires, que M. le procureur général avait extraites de différents documents émanant de la Ligue. Bientôt la droite est devenue plus sérieuse. Les citations cessaient d'être de grossiers outrages : pour rédiger leur ordre de mobilisation aux juntes de ligueurs campées dans tous les quartiers de la capitale, on aurait dit que M. Paul Déroulède et ses complices, M. le sénateur Naquet, MM. les députés Laguerre, Turquet et Laisant, s'étaient appliqués à copier le texte même des articles du Code et des lois postérieures qui précisent, définissent et frappent les sociétés secrètes. Jamais, depuis les temps déjà lointains où celui que ses derniers disciples appellent encore « le Vieux » organisait ses bataillons contre le gouvernement établi, jamais la loi n'a été plus ouvertement et plus audacieusement bravée que par la constitution de cette société secrète greffée sur une association illicite. Au moindre signal, l'armée de la rébellion, l'armée du coup d'État pouvait se lever, marcher.

Quand le président de la Chambre eut terminé sa lecture et pendant que M. Georges Laguerre montait à la tribune pour proposer, ce qui d'ailleurs avait été déjà entendu, que la demande de poursuites fût renvoyée aux bureaux de mardi, mes yeux se sont tournés vers le banc de l'extrême gauche, où M. le « général » Boulanger a l'habitude de siéger, quand il daigne siéger. Me souvenant que le démagogue d'aujourd'hui avait été un soldat, un soldat brave comme tous les soldats, je m'attendais à le voir se dresser à sa place, calme, railleur, insolent,

et demander que son nom fût joint à ceux de ses
amis poursuivis : « Le président d'honneur, le chef
« effectif de la Ligue, c'est moi ! Toute cette orga-
« nisation, elle s'est faite par mon ordre, à mon
« profit, par moi, pour moi ! Ces ordres de mobili-
« sation, de rébellion, de sédition contre le gouver-
« nement légal de la République, ils ont été pré-
« parés, dictés, ratifiés par moi ! M. Déroulède,
« M. Turquet, M. Naquet, M. Laguerre, M. Laisant,
« n'ont été que les instruments de ma volonté :
« l'auteur responsable, le chef, c'est moi ! Je de-
« mande à être poursuivi, à partager le sort de mes
« amis ! »

O mon incurable naïveté !... Il n'était pas là !
Comme s'il se fût agi d'une misérable séance d'affaires où les parlementaires étudient la loi du recrutement ou la loi sur les travailleurs, le beau général
était absent ; sa place était vide. Le sentiment le
plus élémentaire de l'honneur lui commandait d'assister, au moins, ses amis, de proclamer sa solidarité
avec eux. Absent ! Où ? Que sais-je ? O marquises,
marquises ! qu'avez-vous fait de cet homme qui a
porté la plume blanche et la triple étoile, qui a commandé en chef à l'armée française ?...

Vous me demandez depuis cinq mois ce que sont
les justes lois de la République ! Comprenez-vous
maintenant ? En voilà une, au moins, une « juste
loi » !...

COMPÈRES ET COMPLICES

14 mars.

Comme les voyageurs effrayés qui sifflent dans les bois, les principaux lieutenants de M. Boulanger essayent de se rassurer en multipliant les appels à la révolte.

M. Déroulède : « S'il m'avait plu, s'il me plaisait « encore d'envoyer nos jeunes gens au Palais- « Bourbon, ce serait vite fait ! »

M. Le Hérissé : « Qu'ils y viennent ! Respectueux « de la légalité, nous les attendons au jour prochain « où ils vont se trouver forcés d'en sortir. Ce jour- « là... ils peuvent compter qu'il y a à Paris « 245,000 citoyens qui ne manqueront pas *au* « *plus saint des devoirs.* »

M. Francis Laur : « Croyez-vous que nous pour- « rons toujours contenir ces 245,000 partisans? « Estimez-vous que vous les bâillonnerez longtemps, « qu'ils ne crieront pas, *qu'ils n'auront pas de vel-*

« *léités de jeter à la Seine ce Parlement qui en est*
« *si près.* »

Le gouvernement a répondu à ces menaces : il a
continué à agir. Des perquisitions rigoureuses ont
été faites hier chez la plupart « des chefs d'arrondissement » de la Ligue.

LE SILENCE

15 mars.

Les poursuites ont été votées par les deux
Chambres; c'était prévu: la demande du procureur
général repoussée, c'était la loi bafouée, foulée aux
pieds, la République démantelée et trahie. Ce qui
domine la séance d'hier à la Chambre des députés,
c'est le silence du « général ».

Il était là, à sa place habituelle, au septième
banc de l'extrême-gauche, entre M. Laguerre et
M. Turquet; il s'était décidé à venir; mais il s'est
tu. Un instant, sous la vibrante ironie de M. Arène,
sous les salves d'applaudissements qui scandaient
le discours de notre ami, sous la pluie des phrases

6.

acérées qui partaient et sifflaient comme des flè-
ches, il s'est levé de sa place pour crier quelque
chose d'inarticulé qui s'est perdu dans le bruit.

Puis il est retombé, blême et grimaçant, et ç'a
été tout. Hier, « voter pour Déroulède, c'était voter
pour moi ». Quand le bras de la justice républicaine saisit enfin quelques-uns des conspirateurs,
Déroulède, « ce n'est plus moi », ni Laguerre non
plus, ni Turquet, ni Laisant.

Il vote contre les poursuites qui déciment les
rangs de ses lieutenants, comme il vote contre la
revision qu'il n'a pas cessé de réclamer et de proclamer, parce que quelqu'un, Vergoin ou Susini,
lui met dans la main un bulletin blanc ou bleu;
mais il se contente de voter, comme le premier ou
le dernier des bonapartistes ou des cléricaux.

Mais monter à la tribune, mais dire à la justice
de son pays : « *Me, me adsum qui feci!* Me voici,
moi qui ai tout fait, qui ai tout ordonné! » mais
faire acte de courage, mais s'offrir au danger, mais
ne pas rester en arrière du dernier collégien qui se
croirait déshonoré s'il laissait punir ses petits camarades pour une faute qui est sienne, ah! pour
qui le prenez-vous? S'il se livrait, est-ce qu'il
pourrait continuer à aller dîner en ville, entre deux
duchesses?

Il s'est tu quand Emmanuel Arène a fait revivre
dans un éclatant tableau la conspiration dont les
parquets tiennent enfin les premiers fils; il s'est tu

quand M. Paul de Cassagnac, affirmant plus haut
que jamais son dévouement invincible à l'empereur
— lequel ? — et a l'Empire, est venu étendre sur
lui, aux acclamations unanimes de la droite, sa
protection.

Quand on dit à M. Laguerre : « Votre maître,
M. Boulanger... » M. Laguerre proteste : il n'a pas
de maître. Mais on a beau dire à M. Boulanger :
« Vos maîtres, vos patrons, vos chefs, tous les ennemis de la République! » M. Boulanger se tait et
caresse sa barbe blonde !

Dans le plaidoyer qu'il a prononcé pour la Ligue
dite des patriotes, M. Laguerre a reculé les bornes
de l'audace, de l'insolence, du cynisme. Jamais
M. Baudry d'Asson, dans ses crises les plus furieuses d'épilepsie, jamais M. de Cassagnac, dans
ses plus haineuses diatribes, n'ont accumulé contre
la République et le parti républicain autant d'injures grossières et d'abominables outrages que le
député de Vaucluse, dans le discours qu'il a prononcé hier.

Mais j'ai la coquetterie ou la loyauté de toujours
rendre justice à mes adversaires; et j'écris franchement, comme je le pense, que le discours de M. Laguerre était aussi courageux que scélérat. Mais le
silence de M. Boulanger, le silence du chef qui
envoie les autres au péril, à la barre de la justice
correctionnelle, à la prison, le silence du principal
coupable qui se cache et qui se fait petit, tout petit,

devant le danger, non, jamais, dans la longue histoire des complots contre la liberté, des attentats contre la souveraineté nationale, des crimes contre la chose publique, non, jamais on n'a rien vu d'aussi misérable et d'aussi honteux !

Quelqu'un qui a beaucoup connu M. Boulanger, qui l'a connu au collège d'où il a été chassé, qui l'a suivi dans toute sa carrière, me disait un jour : « Voyez-vous cet homme empanaché sur son cheval « noir? C'est un pleutre! » J'ai cru, sur le moment, que ce propos était une boutade, presque une calomnie. Je dois confesser aujourd'hui que je me trompais...

RÉVOLTE DÉCLARÉE

18 mars.

Le gouvernement de la République jugera-t-il enfin que la mesure est comble?

Je comprends que M. le ministre de l'intérieur se soit contenté d'opposer son mépris aux histoires malpropres que M. Laguerre a déposées samedi sur la tribune de la Chambre (1) : sa personne seule était en cause; il avait le droit de ne venger l'injure qui lui était personnelle que par l'expression publique de son dédain.

Mais l'injure d'hier s'adresse à la République et à cette injure-là il faut une autre réponse que le mépris.

Le parti républicain a été unanime — car l'op-

(1) Interpellation sur l'affaire Baratte ; M. Laguerre accusait M. Constans d'avoir reçu des pots de vin d'un escroc que la cour de Nancy venait de condamner.

position isolée de ce grand homme d'Etat qui a
nom René Goblet est vraiment une quantité
négligeable — à approuver les poursuites que
M. le procureur général près la cour d'appel de
Paris a intentées contre quelques-uns des plus audacieux complices de M. Boulanger. Mais cette
approbation même crée au cabinet de nouveaux et plus impérieux devoirs. Hésiter, avoir
seulement l'air de reculer, après avoir commencé
l'action, après avoir pris vigoureusement l'offensive, mieux vaudrait cent fois n'avoir rien fait. Le
gouvernement de la République est aujourd'hui
dans la situation du Juif-Errant à qui il est interdit
de s'arrêter, à qui il est ordonné de marcher, de
marcher toujours. Il est toujours loisible à un gouvernement, comme à un chef d'armée, de ne pas
engager la lutte; mais quand le combat est engagé,
il faut le livrer jusqu'au bout.

En se taisant à la séance de jeudi, en n'ayant
pas le courage d'élever la voix pour la défense de
ses amis, des complices qui n'avaient violé la loi
que par son ordre et pour sa cause, M. Boulanger
avait obéi à un sentiment qui n'avait rien de précisément héroïque et qui avait surpris jusqu'à ses
adversaires les plus acharnés.

En prenant la parole au banquet de Tours,
M. Boulanger a obéi hier à ceux de ses collaborateurs ordinaires que sa prudence excessive, dans
l'enceinte du Parlement, avait irrités, qui lui avaient

adressé aussitôt, dans leurs principaux journaux, des sommations catégoriques de s'expliquer et qui, dans une série de conciliabules, lui avaient mis résolument le marché à la main. La fraction du parti qu'on n'emmène pas dîner en ville veut bien se résigner au seul menu des banquets revisionnistes; elle entend, en revanche, que M. Boulanger partage avec elle les responsabilités de la révolte où il l'a poussée. Il est leur chef, il faut bien qu'il suive!

Donc, après M. Naquet qui a déclaré, le malheureux, qu'entre bonapartistes et républicains il n'y a qu'un malentendu, — Brumaire et Décembre, les fusillades du boulevard Montmartre, les dragonnades du Nivernais, la proscription des meilleurs républicains, la loi de sûreté générale, Sedan et Metz, l'Alsace trahie, la Lorraine livrée, la belle affaire! simples malentendus, vous dis-je, aimables querelles d'amoureux qui ne valent pas un divorce! — M. Boulanger lui-même a retrouvé l'usage de la parole.

Il avait autour de lui sa garde d'honneur habituelle, Laguerre et Duchesne, Robert Mitchell et Turquet, Loqueyssie et Gaston Laporte, Dugué de la Fauconnerie et Laisant, tous, bonapartistes d'hier et de demain, royalistes d'hier et de demain, radicaux d'hier, la main fraternellement dans la main, mis en appétit par les injures que M. Millevoye et M. Naquet avaient lancées à la représentation nationale. Ah! certes non, le coup de cravache du *Clairon* d'avant-hier n'a pas été donné en vain au cheval noir, et l'animal n'avait reculé que pour mieux sauter!

Je n'essayerai pas d'analyser le discours d'hier; on peut se résigner à transcrire sur le papier, qui souffre tout, la diffamation à jet continu, l'outrage, les gros mots, les menaces; mais les discuter? mais s'abaisser à réfuter de telles infamies? mais prendre au sérieux les protestations de comédie que les délégués des comités impérialistes couvrent d'applaudissements?... Que je sais bien la seule réponse que les républicains d'autrefois auraient faite à un pareil défi, à un pareil appel aux passions les plus basses qui grouillent dans les cœurs les plus vils, à tant de cynisme et d'insolence!... Moi, moi seul, toujours moi, rien que moi! *Mon* programme, *mon* drapeau, *ma* mission, comme il dit *ma* barbe blonde et *mon* cheval, comme il dit déjà, entre duchesses, *mon* peuple! Ici, un homme, — et quel homme! — là, la République, la liberté, l'honneur, la loi, le progrès! Et tu hésites, peuple français, tu n'as pas encore fait définitivement ton choix, peuple de braves! Mais Vergoin et Turquet et M. le marquis de Breteuil ont fait leur choix! Allons, dépêche-toi, nation stupide! Ne vas-tu pas célébrer tout à l'heure le Centenaire de la grande Révolution? Et comment le célébrer plus dignement qu'en chassant tes représentants, qu'en jetant tes libertés à l'égout, qu'en acclamant pour ton maître Soulouque II?

Moins que jamais, je ne me résigne à demander que, pour frapper ce factieux, pour faire rentrer dans l'ordre cette sédition, le gouvernement de la République voile, fût-ce pendant une heure, la statue de la Liberté! Mais qu'il se décide donc à dévoiler enfin, tout entière, la statue de la Loi!

LA LIGUE

20. mars.

Les membres du comité directeur de la Ligue des patriotes ont comparu hier, pour la première fois, devant M. le juge d'instruction.

J'ai été l'un des membres fondateurs de la Ligue, j'en ai été le secrétaire général jusqu'à la mort de Henri Martin; ce n'est pas sans tristesse, et je rougirais de m'en cacher, que je vois finir sur les bancs de la police correctionnelle cette association qui a rendu de grands services — et qui a fait tant de mal.

La Ligue, à son origine, quand Henri Martin en

accepta la présidence, quand, les uns et les autres, nous nous fîmes inscrire parmi ses adhérents, se proposait un double but : tenir en haleine le patriotisme français, créer sur tous les points du territoire des sociétés de gymnastique et d'instruction militaire qui formeraient les enfants de nos écoles au service de l'armée.

Ce double but était généreux, élevé, et il fut poursuivi avec activité pendant plusieurs années. Des manifestations tapageuses, des réclames bruyantes, des déclamations stériles et même ridicules masquèrent trop souvent au grand public l'œuvre bonne et forte que les comités de province préparaient en silence, avec le concours des meilleurs citoyens et des administrations locales. Cette œuvre discrète, mais continue, ne reste pas moins un titre d'honneur pour tous ceux qui l'ont aidée, encouragée, stimulée, qui n'ont épargné aucune peine pour la mener à bonne fin. De là, la légitime popularité de la Ligue, qui n'aurait fait que croître et grandir si l'affreuse politique ne s'était introduite dans son comité directeur pour détruire l'union de ses membres et pour mettre en lambeaux le programme, le pacte qui avait été souscrit.

Je ne parlerai plus que contraint et forcé de M. Paul Déroulède : il est poursuivi, il est accusé, il a sur lui la main de la justice, *res sacra...* Mais puisque M. Boulanger se prélasse encore dans une scandaleuse impunité, puisqu'il plonge ses mains

jusqu'au coude dans la cuvette de Pilate que lui
prés ntent les duchesses, puisqu'il n'a pas trouvé
sous le troisième bouton de sa redingote un mot
pour réclamer sa part dans la poursuite intentée
aux exécuteurs de ses ordres et de ses souveraines
volontés, j'ai bien le droit de dire que l'homme qui
a tué la Ligue, c'est lui, lui seul.

Il y a, dans les contes de fées, des malheureux
qui ne peuvent toucher à aucun objet sans le briser
ou le souiller; il existe aussi, dans la vie réelle, de
tels hommes, et M. Boulanger est de ceux-là. Ministre, il n'a touché au plan de mobilisation que
pour le compromettre, et à la loi sur le recrutement que pour retarder de trois années le béné-
fice de la réduction du service militaire égal pour
tous; — politicien, il ne peut parler de la République ouverte, de la tolérance religeuse, de la
paix sociale, sans faire de ces nobles idées de
vulgaires et répugnantes réclames; — ligueur, il n'a
pas plutôt étendu son influence sur la Ligue que
cette association patriotique est devenue un nid de
conspirateurs, un foyer d'agitation malsaine, un
instrument de rébellion de la guerre civile.

Hier, à la Ligue, républicains, royalistes, n'é-
taient que des prénoms; un seul nom : patriotes;
aujourd'hui, l'on s'appelle sans rougir du nom d'un
homme : boulangistes. — S'il s'était appelé Pâtis-
sier ou Boucher, comment vous seriez-vous appelés? —Le mot d'ordre, hier, était la réunion de tous

les Français à la France; aujourd'hui, c'est l'escalade du pouvoir par une bande de boucaniers. Hier, la statue de Strasbourg; aujourd'hui, un cheval de cirque!...

M. le procureur général aurait manqué au premier de ses devoirs s'il n'avait poursuivi, comme il le fait, les membres du comité directeur de la Ligue, ceux qui ont mis leurs noms sur l'enseigne. Je fais, moi aussi, mon devoir en accusant comme le vrai coupable celui qui a tout fait, tout ordonné, et qui n'ose pas se dénoncer.

SOSIE

20 mars.

Après avoir porté contre M. Constans les accusations qui ont écœuré la Chambre dans la séance de samedi, M. Georges Laguerre a raconté, dans la péroraison de son discours, que MM. Allain-Targé et Floquet avaient refusé, au mois d'avril 1885, de faire partie du cabinet que M. Constans avait reçu mission de former, et cela parce que M. Clémenceau leur aurait tenu le propos suivant : « M. Constans

« est le seul des ministres de la République qui se
« soit enrichi au pouvoir. »

M. Allain-Targé, M. Floquet et M. Clémenceau
ont opposé à l'assertion de M. Laguerre des démentis catégoriques :

M. ALLAIN-TARGÉ. — Je n'ai pas vu M. Clémenceau ce jour-là.
(*Séance de la Chambre du* 16 *mars* 1889.)

M. FLOQUET. — Jamais de la vie! (*Séance de la Chambre du*
16 *mars* 1889.)

M. CLÉMENCEAU. — Je n'ai jamais tenu le propos cité à la tribune par M. Laguerre. (*Dépêche de Zurich.*)

M. Georges Perin, dont le témoignage avait été
également invoqué par M. Laguerre, a fait, au début de la séance d'hier, une déclaration analogue en
ce qui le concerne.

L'auteur des lettres au duc d'Aumale et des dépêches à M. Dillon estime sans doute qu'entre la
parole d'un boulangiste et celle de M. Allain-Targé,
de M. Floquet ou de M. Clémenceau l'hésitation
n'est pas possible : nous sommes tout à fait de son
avis.

Mais ce que l'auteur des lettres au duc d'Aumale
et des dépêches à M. Dillon ne constestera pas davantage, — à moins qu'il ne commence, une fois de
plus, par nier sur l'honneur ce qu'il sait être la vérité, — c'est que le 4 et le 5 avril 1885, au moment
où M. Constans était chargé de former un cabinet,
au moment précis où M. Laguerre place l'interven-
tion de M. Clémenceau auprès de MM. Allain-Targé

et Floquet, celui qui était encore le général Boulanger et qui commandait le corps d'occupation de Tunisie faisait jouer le télégraphe du matin au soir et du soir au matin, demandant, réclamant, suppliant qu'on lui attribuât dans le futur ministère Constans, le portefeuille de la guerre.

Il télégraphiait à M. Constans, il télégraphiait aux amis politiques de M. Constans, il télégraphiait et écrivait aux amis personnels de M. Constans... Pour éviter à l'auteur des lettres au duc d'Aumale une dénégation à rétracter, disons tout de suite que plusieurs de ces lettres existent encore et qu'elles nous ont été communiquées avec quelques autres qui étaient également écrites de Tunisie et que nous avons repoussées parce que de pareils instruments de polémique nous répugnent, parce que nous n'avons pas « l'âme faite de la même boue »...

Les lettres, les dépêches — celles par lesquelles M. Boulanger sollicitait le portefeuille de la guerre dans le cabinet Constans — sont d'ailleurs parfaitement avouables. M. Boulanger y prodiguait, sans doute, avec un peu trop de bassesse, les promesses de dévouement absolu que M. le duc d'Aumale avait déjà escomptées. Mais enfin M. Boulanger était dans son droit en sollicitant le poste qu'il croyait mériter et que M. Constans était disposé à lui accorder, comme le prouve la liste ministérielle suivante, qui circula dans les journaux du 5 avril (Voir la *République française* du 6) :

Présidence du conseil, intérieur.	MM. Constans.
Justice......................	Floquet.
Instruction publique...........	Lockroy.
Guerre	Boulanger.
Travaux publics.	Allain-Targé
Commerce...................	Loubet.
Postes et télégraphes	Naquet.

M. Constans était évidemment alors le même qu'aujourd'hui, également digne d'estime ou également digne de mépris, — également digne d'être recherché comme protecteur, ami et collaborateur ou également digne d'être cloué au pilori : à MM. Boulanger et Naquet de décider...

La combinaison échoua ; M. Constans, M. Floquet et M. Allain-Targé engagèrent M. le président Grévy à charger M. Brisson de la constitution d'un cabinet et M. Boulanger resta à Tunis pour y provoquer bientôt l'incident qui détermina son rappel à Paris. C'est dans cet intervalle — soit dit en passant — que M. Boulanger quémanda avec le plus d'ardeur le commandement en chef au Tonkin.

En résumé, le général Boulanger qui suppliait, le 4 avril 1885, M. Constans de lui faire l'honneur de le prendre comme collègue ; — M. Ernest Boulanger qui, l'été dernier, au retour de M. Constans, lui faisait proposer de déjeuner et de « travailler » ensemble, — et M. Georges Boulanger qui essaye tant qu'il peut de faire salir M. Constans par M. Laguerre, ce ne sont pas trois Boulanger différents, trois homonymes : c'est un seul et même homme, un seul et même Boulanger, flagornant, cajolant et outrageant tour à tour un seul et même Constans.

On ne le croirait pas, mais c'est pourtant ainsi...

LES DEUX PLANS

M. Boulanger et M. le comte de Paris ont déposé simultanément leurs plans chez le notaire du *Figaro*. Avec une naïveté qui désarmera peut-être M. Vergoin, mais qui certainement justifiera une fois de plus le mot de M. Thiers : « De loin, c'est un Alle-« mand ; de près, c'est un imbécile ! » M. le comte de Paris compte sur M. Boulanger pour tirer les marrons du feu, ouvrir la trouée, renverser la République et restaurer le petit-fils de Philippe-Égalité sur le trône de saint Louis.

M. Boulanger est plus pratique : « *Bibi*, dit-il aux duchesses, *travaille pour Bibi !* » et il explique tranquillement qu'il compte sur la majorité de la prochaine Chambre pour faire autour du président de la République la grève ministérielle, pour forcer M. Carnot, par ce moyen élémentaire, à aller rejoindre

M. Grévy et le maréchal de Mac Mahon dans le cycle des présidents en exil et pour s'asseoir à sa place.

Quand M. le comte de Paris sera roi de France par la grâce de Dieu et par la volonté de M. Boulanger, il ne dit pas ce qu'il compte faire. On peut induire cependant de quelques indices que Philippe VII ne rétablira pas le droit de jambage, qui l'embarrasserait, et que, petit-fils pieux, il ne fera pas raser la chapelle dite Expiatoire. — M. Boulanger, lui, est plus explicite.

Aux mêmes duchesses qui, continuant leur interrogatoire, lui demandent ce qu'il fera au pouvoir, il répond avec une sincérité évidente : « Je ferai la noce. » Mais comme il serait à craindre, selon M. Naquet, que cela ne satisfît qu'une fraction restreinte du suffrage universel, M. Boulanger annonce son intention de rebâtir les Tuileries, parce que « l'Elysée, c'est trop triste, avec de tristes souvenirs »... et de poser au suffrage universel, par voie de *referendum*, ces quatre questions :

« 1° Voulez-vous le maintien du Concordat ?

« 2° Voulez-vous des sœurs dans les hôpitaux ?

« 3° Voulez-vous des congrégations dans les écoles ?

« 4° Voulez-vous des curés dans les paroisses ?

« On répondra par *oui* et par *non*.

« Il y aura peut-être 4 à 500,000 *non*, mais je « crois qu'il y aura 5 à 6 millions de *oui*. La ques-

7.

« tion sera ainsi tranchée, et je gouvernerai selon
« la volonté nationale. »

Ce n'est pas plus difficile que cela : les curés dans
les paroisses, les congréganistes dans les écoles,
M. Boulanger aux Tuileries, tout sera pour le mieux
dans la meilleure des Républiques, — car M. Boulanger conservera d'abord l'étiquette de la République, et la France, n'ayant plus rien à envier au
Dahomey, poursuivra en paix le cours de ses glo-
rieuses destinées.

Comme le bas empire de M. Bonaparte, la République de M. Boulanger sera la paix. « Le plan du
général, ajoute le *Figaro*, embrasse d'ailleurs de
vastes entreprises, en tête desquelles il place le fameux canal des Deux-Mers, destiné à satisfaire un
quart de la France. » On emploiera évidemment
les républicains à creuser ce canal, sous la direction
de M. Francis Laur, ingénieur.

Le *Figaro*, qui révèle ainsi le plan du « général »
et celui de M. le comte de Paris, ne se montre sa-
tisfait entièrement ni de l'un ni de l'autre. Avec tout
le respect qu'il doit à la personne de M. le comte
de Paris, le *Figaro* insinue que le prince compte
sans son hôte et qu'il se fera jouer sous jambe par
le brav' général comme un simple niais.

Quant au plan du général, il ne rassure pas davantage le notaire indiscret à qui il a été confié.
« Si le plan du général réussit, soupire le révéla-
« teur XX, nous aurons une République consulaire,

« autoritaire, militaire, tout ce qu'on voudra, mais
« enfin la République... » Quoi! nous aurons con-
senti cette ignoble alliance, nous aurons déchiré le
testament du duc d'Orléans, nous aurons sali notre
vieux blason fleurdelisé et nous garderons tout de
même la gueuse, l'infâme Marianne! Hélas! trois
fois hélas!... « C'était pas la peine assurément de
« se compromettre aussi gravement pour ne pas
« changer le gouvernement ! »

Dirai-je que le *Figaro* me semble bien difficile?
Les Tuileries abritant la tête blonde de M. Boulanger, les écoles rendues aux congréganistes, et
les républicains employés à creuser le canal des
Deux-Mers, comme jadis les Hébreux à élever les
pyramides, XX trouve que cela n'est pas assez!
Gourmand!... Comment! parce que M. Boulanger
conserve l'étiquette républicaine, rien n'est fait!
Hé! doux notaire, si cela seulement vous chiffonne,
que ne demandez-vous à M. Boulanger de coiffer
le diadème de Napoléon et de Charlemagne et de
fonder, sous le vocable d'Ernest Ier, une cinquième
dynastie? Pensez-vous sérieusement que *Bibi* se
fasse prier ?

Je ne le crois pas, et, vraiment, j'en doute; mais
ce dont je suis sûr, c'est que depuis les temps les plus
reculés jusqu'à nos jours, comme on dit dans les
manuels, et sur toute la surface du globe habité,
le gouvernement de la République française est le
premier qui ait toléré de pareils outrages et ait

accordé l'impunité à une pareille conspiration.

Je causais hier avec un citoyen de la plus grande République, de la plus libre démocratie qui soit au monde : « Je suppose, disais-je à mon Américain, qu'une semblable aventure se produise aux Etats-Unis : comment votre gouvernement y répondrait-il ? — Vous voulez une réponse nette et franche ? — Je vous la demande. — Mais je suis sûr d'avance que vous ne comprendrez pas. — Allez toujours ! — Je ne sais si je dois... — Mais allez donc !... Comment votre gouvernement répondrait-il à de pareils défis ? — Vous le voulez ?... Eh bien, soit !... Par deux gendarmes. »

VIEUX PAPIERS

24 mars.

Comment MM. de Rochefort et Laisant jugeaient M. Boulanger en 1883 :

M. Boulanger, ex-orléaniste, espère être enfin récompensé des bons services qu'il a rendus à M. Ferry en combattant en cachette le général Thibaudin.

M. Boulanger sera certainement le chef d'état-major général du nouveau ministère, et il est tout probable qu'il lui fera beaucoup de protestations de dévouement, **sauf à le trahir plus tard s'il y trouve son intérêt.**

(*Intransigeant*, journal de M. de Rochefort, le 7 octobre 1883.)

Le général Boulanger, le serviteur du 16 Mai, dévoué à l'or-
léanisme, a passé aux yeux de plusieurs de nos amis politiques
pour être sincèrement rallié à la République.

Nous n'avons jamais partagé, quant à nous, la confiance de
nos amis dans le général Boulanger qui n'est QU'UN AMBITIEUX
DÉPOURVU DE TOUT SCRUPULE.

Il croit aujourd'hui au triomphe de la réaction, et c'est pourquoi il s'empresse de lui donner des gages.

Ce qui contribue à compromettre la solidité de la République,
le comprendra-t-on enfin ? C'est le travers que partagent beaucoup de nos amis qui sont trop facilement portés à regarder
pour sincères des CONVERSIONS QUI NE SONT QU'INTÉRESSÉES.

(*République radicale*, journal de M. Laisant, le 10 octobre 1883).

M. le général Boulanger s'est fait le serviteur des basses
œuvres de M. Jules Ferry. Pour décrocher sa nomination de
divisionnaire, IL N'A PAS RECULÉ DEVANT LES MOYENS LES MOINS
AVOUABLES.

*... Quand l'ambition d'un homme le pousse à commettre des
petitesses de ce genre, il est jugé.*

Il est regrettable, pour un officier, de devoir son avancement
à de pareils états de service.

(*République radicale* du 13 octobre 1883.)

LA VERTU RÉCOMPENSÉE

Le général de brigade Boulanger, directeur de l'infanterie au
ministère de la guerre, a été promu au grade de général de division.

Le général Boulanger sera remplacé par le général Faure-Bi-
guet. Ce dernier a été déjà sous-directeur de l'infanterie ; il
remplissait auprès du général Thibaudin les fonctions de chef
de cabinet.

M. Ferry paye ses dettes.

(*République radicale* du 4 novembre 1883.)

A LA MODERNE

24 mars.

« Un complot ! me dit quelqu'un de la grande famille *du doigt mouillé*. Que parlez-vous toujours de complot, de conspiration ? Où prenez-vous ce Catilina qui raconte ses projets au premier reporter venu et qui ouvre son cœur à toutes les marquises ? Une société secrète, cette Ligue des patriotes qui, pareille à l'homme-orchestre, souffle à la fois dans tous les clairons de la réclame et bat en même temps sur toutes les grosses caisses du puffisme ! Des conjurés, ces avocats qui ne déparlent pas, ces journalistes qui noircissent le papier au kilo ! Etrange manie que la vôtre ! Quand renoncerez-vous à cette puérile logomachie ?... M. Boulanger entend reconstruire les Tuileries pour y loger sa collection de tableaux vivants : M. Proust ne veut-il pas réédifier la Cour des comptes pour y installer les arts décoratifs ? l'accusez-vous ? M. Naquet aspire à la simarre des archi-chance-

liers : M. Goblet cache-t-il son désir rageur de redevenir ministre des affaires étrangères ? le dénon-
cez-vous ? La Ligue des patriotes a pris la revision
pour mot d'ordre : la société de la rue Cadet a-t-elle
une autre devise ? la menacez-vous des tribunaux ? »

J'ai répondu à mon interlocuteur :

« Il y a, dans votre raisonnement, toute la trahison... ne vous fâchez pas: toute votre pensée
dominante, votre seule préoccupation de savoir d'où
vient le vent. Ne niez pas : vous tenez à ne vous
brouiller d'une façon irréparable avec aucun des
quatre points cardinaux et vous les saluez tour à
tour. A votre aise ! Je tiens, moi, à ne pas être pris
pour un imbécile et à ne pas prendre des vessies
pour des lanternes.

« Pas plus de complot ni de société secrète que
sur la main ?... A d'autres !... J'entends bien : une
association qui fait à elle seule plus de vacarme
que toutes les foires de la banlieue de Paris, quand
viennent les beaux jours d'été, ne saurait être trai-
tée de société secrète ? Alors vous imaginez que le
parti républicain, voué à la niaiserie éternelle, s'en
fiera toujours à l'étiquette et ne regardera jamais
derrière la toile ? Vous versez dans une bouteille
étiquetée « Château-Yquem » du petit bleu d'Argen-
teuil : me défendrez-vous d'en croire davantage mon
palais que votre fausse marque ? Vous vous appelez
Ligue des patriotes, Société pour le rachat des

petites Patagonnes, Association pour l'étude des
tessons cassés de Babylone, et, derrière ce décor,
vous étudiez les moyens les plus sûrs de jeter, à un
moment donné, cinquante mille hommes sur l'Elysée
et sur le Palais-Bourbon, après avoir coupé tous les
fils télégraphiques ou téléphoniques de la capitale.
Alors, vraiment, il faut que j'en croie votre enseigne
et je serai un liberticide si la police commet l'indis-
crétion de jeter les yeux dans l'arrière-boutique de
votre magasin de parfumerie ou de ganterie, pour
voir de plus près ce que vous y vendez !

« Avec mon *prétendu* complot, vous me la bâillez
plus belle encore !... Hé ! faut-il vous apprendre que
notre siècle est celui de la vapeur, des chemins de
fer, de la lumière électrique et du télégraphe ? On
ne voyage plus en patache, on ne navigue plus à la
voile, on ne s'éclaire plus à la chandelle : pourquoi
voudriez-vous alors que l'on conspirât au dix-neuvième comme au onzième ou au treizième siècle,
dans une cave, avec des masques de velours sur le
visage, à la pâle lumière des torches, *per angusta
ad augusta* ? M. Boulanger n'est ni Fiesque ni Guy
Fawkes, ni Titus Oates, ni même le général Mal-
let : vous ne m'apprenez rien.

« A quoi bon prendre froid à attendre ses ennemis, l'escopette au poing, à l'angle d'un bois,
quand il est si facile de les attendre, la plume à la
main, au coin d'un journal ? A quoi bon des masques, quand on a des programmes et des profes-

sions de foi ? A quoi bon le silence protecteur des forêts vierges ou des caves mystérieuses, quand on a la liberté illimitée de la presse, la liberté illimitée de la parole, la liberté illimitée du colportage, la liberté illimitée de l'outrage, de la calomnie, de la diffamation ? A quoi bon écrire quand on peut téléphoner ?...

« Je reconnais tous les vices, tous les pires défauts à M. Boulanger; mais il a une qualité, en revanche, que personne ne saurait lui contester: il est moderne, archi-moderne, aussi moderne dans son genre, qui me plaît peut-être moins, que la Paulette ou le Petit Bob de Gyp. Pourquoi voudriez-vous que cette fleur de macadam devînt *vieux jeu*, précisément quand il s'agit pour lui de la chose la plus importante, de mettre la main sur le pouvoir ? Il serait, en vérité, trop bête, aussi bête que le gouvernement qui s'arrêterait devant ses fausses déclarations, ses fausses étiquettes et ses faux sentiments.

« Son dessein est de chasser du Palais-Bourbon les députés républicains, de chasser les sénateurs du palais du Luxembourg, de chasser de l'Elysée le président Carnot et de se mettre lui, lui et sa bande, à la place de tout ce qui est aujourd'hui la liberté, la loi, la République. Et cette entreprise poursuivie par tous les moyens, surtout inavouables, avec la complicité de tous les prétendants expulsés, avec des ressources d'origine inconnue, ce ne serait pas une conspiration, un complot contre la sûreté de l'Etat !

« — Mais alors ?...

« — Alors, puisque ces gens-là conspirent à la moderne, j'ouvre le Code pénal à l'article *Attentat contre la sûreté de l'Etat* et je l'applique... »

III

EN FUITE

FRAPPEZ EN HAUT !

28 mars.

Je n'aime pas beaucoup la bataille à coups de
baquets d'eau de vaisselle qui s'est engagée depuis
quinze jours. J'ai peut-être tort, mais puisqu'il est
reconnu que l'on ne discute ni des goûts ni des couleurs, je prendrai la liberté de dire la nuance que je
préfère. Quand M. Laguerre ramasse, dans le bour-
bier d'une cour d'assises ou d'une boutique de chantage des racontars malpropres contre le ministre
de l'intérieur ou le garde des sceaux, il me paraît
que M. Laguerre déshonore même le boulangisme.
Mais quand on riposte à M. Laguerre par les belles
histoires qui remplissent les gazettes, je ne trouve
pas que l'on ennoblisse et qu'on élève le caractère

de la lutte que nous livrons pour la Liberté.

J'entends bien : les accusations de M. Laguerre sont calomnieuses, les accusations contre M. Laguerre sont irréfutables. Croyez-vous que le grand public se reconnaisse dans cette mêlée confuse et qu'il ne finira pas par perdre le peu de latin qui lui reste ? Sans doute, je ne pense pas qu'il faille traiter tous les outrages et toutes les calomnies par le mépris. Il faut distinguer : il y a des bouches d'égout devant lesquelles il faut passer en détournant la tête ; il en est d'autres qu'il faut dénoncer à la police de la voirie. Mais quand on vous propose une partie de paume avec de certaines balles, n'acceptez pas...

— Alors, il faut permettre à l'association de MM. Boulanger, Laisant et Vergoin de se proclamer impunément *la République honnête*, de diffamer et d'injurier le gouvernement, les Chambres, le chef de l'État ? Alors, le ministre de l'intérieur a eu tort d'accepter l'interpellation de M. Laguerre ?

— Encore une fois, il faut distinguer. D'abord, oui, M. le ministre de l'intérieur ne devait pas accepter l'interpellation de M. Laguerre ; il devait dire à M. Laguerre : « Vous êtes un accusé, pour-
« suivi devant les tribunaux sous des inculpations
« très graves ; vous êtes à la tribune de la Chambre
« quand vous vous attendiez vous-même à aller
« méditer, dans une cellule, sur les lacunes de votre
« plan d'attaque contre l'Élysée et le Palais-Bour-

« bon. Cela prouve seulement, une fois de plus,
« qu'il n'y a pas de meilleure fille au monde que la
« République. Mais cela ne change pas votre situa-
« tion : vous êtes un accusé, je ne discute pas avec
« un accusé. Passez votre tombereau à celui de vos
« collègues et amis qui n'est pas encore sous le
« coup d'un mandat de justice : je lui répondrai s'il
« y a lieu. A vous, accusé, je ne réponds pas. »

Il vous déplaît, maintenant, que M. Boulanger,
entre deux indigestions de truffes, ou deux piqûres
de morphine, — car c'était écrit de toute éternité
au grand livre là-haut, car le destin ne serait pas
la logique si la seringue Pravaz ne l'avait
pas attendu, inéluctable et fatale, au coin d'un
canapé, — il vous déplaît que Bel-Ami, étant celui
que vous savez, se proclame « la République honnête » ?... Franchement, pensez-vous que ces certi-
ficats de vertu immaculée qu'on se délivre à soi-
même trompent beaucoup le peuple français ? Il est
payé pour connaître les chocolats qui ne blanchis-
sent pas en vieillissant; il a également payé pour
connaître les drôlesses qui se disent rosières. Si
tant de citoyens ont voté pour M. Boulanger à tant
de reprises, ce n'est point du tout parce qu'ils le
supposaient chaste, pur et incorruptible...

Quant aux outrages, aux calomnies, aux vilenies
de toutes sortes qu'une presse sans nom vomit jour
et nuit contre la République et contre la représentation nationale, quant au flot de turpitudes qu'elle

répand sur le pays, ceci, c'est une autre affaire. Cette licence qui déshonore, en attendant qu'elle la fasse sombrer sous l'état de siège, la liberté de la presse, lui sacrifierons-nous la République, la liberté elle-même? Nous savons aujourd'hui si la lance d'Achille guérit les blessures qu'elle fait ! Armez donc la République, armez la loi, rétablissez pour célébrer le centenaire de la Révolution qui a proclamé le dogme de l'égalité, rétablissez la parité entre le journaliste qui injurie et le premier citoyen venu qui insulte, envoyez devant les tribunaux quiconque brave et défie le gouvernement légal, pratiquez des coupes sombres dans la forêt des naïvetés et des duperies démocratiques, faites-vous respecter et, s'il est nécessaire, faites-vous craindre, à la bonne heure ! Voilà une politique, voilà des ripostes ! Mais vous avez assez répondu au *Roman chez la portière* par l'*Histoire chez la concierge*... « Le saucisson de Lyon, le registre d'honoraires de M° Laguerre ou de M° Vergoin, hé ! hé ! ricane le général Morphine, tant que l'on parlera de la queue de mon chien, on parlera un peu moins de mon complot et de mon attentat ! » Et M. Boulanger a raison, et je m'en vais répétant le vers de l'*Année terrible*.

S'il faut frapper, frappez en haut et non en bas.

Et il faut frapper...

IL SUFFIT DE VOULOIR

30 mars.

M. le « général » Boulanger, chef du parti « républicain national, » choisit bien ses avocats : M. Paul Lenglé, directeur du journal jéromiste *la Souveraineté*, et M. Paul de Cassagnac, directeur du journal simplement bonapartiste *l'Autorité*, m'objurguent, l'un et l'autre, de la belle manière. J'ai, paraît-il, l'impudeur vraiment impardonnable d'exprimer l'avis que la République, assaillie de toutes parts, depuis plusieurs mois, par la plus audacieuse des conspirations, a peut-être le droit et le devoir de se défendre.

Le gouvernement de Décembre, étant sorti du plus abominable des attentats, avait le droit de ne pas se laisser attaquer impunément : la République, gouvernement vingt fois consacré par la volonté nationale, est vraiment impertinente de revendiquer le même droit contre la coalition qu'un officier chassé de l'armée par ses pairs comme indigne conduit à l'assaut de la Liberté et de la Loi. « C'est idiot ! » écrit simplement M. Paul Lenglé, ancien député.

M. de Cassagnac, député en exercice, est nécessairement moins parlementaire dans l'expression de ses sentiments bien connus de libéralisme. Je ne m'en offenserai pas cependant : si vous criez si fort, c'est apparemment que j'ai touché juste. Etant donné que l'honorable député du Gers traite couramment ses amis, alliés et complices boulangistes de « gens de sac et de corde », je trouve même qu'il a fait preuve de quelque indulgence courtoise à mon égard.

Je continuerai donc à évoquer contre le chef de ceux que M. Paul de Cassagnac appelle des « gens de sac et de corde » les lois, les justes lois de la République. « Seulement, ajoute M. de Cassagnac, il « ne suffit pas de dire qu'il faut frapper ; il est encore « nécessaire de pouvoir le faire... » Hé ! qui donc autorise l'éminent avocat de M. Boulanger à prétendre que la force nécessaire pour sévir manque à la République et qu'après avoir reculé si longtemps et si loin les bornes de la longanimité elle ne saura pas rattraper le temps perdu ? Encore sous le coup de cette redoutable bravade, j'ose même avancer que cela ne serait pas aussi difficile qu'on veut bien le dire. Il suffit de vouloir...

Le surlendemain 1ᵉʳ avril, M. Boulanger accompagné de Mᵐᵉ de B..., partait pour Bruxelles où M. Dillon l'avait précédé ; M. de Rochefort était parti dès la veille pour Mons.

Le bruit de ces départs se répandit à Paris dans la journée du 2 : les députés boulangistes afffrmèrent que c'était

calomnie. Le lendemain matin, 3, la nouvelle était officielle;
M. Boulanger téléphonait lui-même de Bruxelles le « manifeste
aux Français », où il annonçait qu'il avait passé la frontière pour échapper au fer des assassins.

LE GÉNÉRAL CAISSIER

4 avril.

Quand le châtiment se fut abattu sur l'autre Césa-
rion, l'autre malfaiteur qui avait refusé de risquer
sa peau dans le gouffre où son crime avait déjà en-
tassé cent mille cadavres, le poète de l'*Année terrible* écrivait : « Toulon, c'est peu ; Sedan, c'est
mieux ».

On peut écrire de même aujourd'hui que l'île des
Pins était méritée, mais que le bois de la Cambre
dépasse l'espérance.

Car l'invraisemblable était vrai, car le policier
qui avait vu monter dans le train de Bruxelles un
homme à barbe blonde qui se cachait dans la nuit,
prenait un billet pour ne pas avoir à montrer sa
carte de député, ce policier avait bien vu : cet
homme qui s'enfuyait comme un caissier avec une
sacoche sous un bras et une maîtresse sous l'autre,

c'était bien lui, — lui, le chef du grand Parti national
républicain dont l'enseigne orne encore l'ancien domicile de Marchandon, — lui, hélas ! ô honte ! qui a
porté l'uniforme des soldats français, qui a porté la
triple étoile et la plume blanche des généraux, lui
qui a commandé en chef à notre armée !

A la première menace, — que dis-je ? — devant
l'ombre lointaine de la première menace passant sur
un mur, il a pris la fuite, il a mis la frontière, la
prudente, la bienheureuse frontière entre les gendarmes et lui. L'express file à toute vapeur : plus
vite, plus vite encore ! Bénie soit l'heure où le pan-
talon rouge du dernier fantassin, où le tricorne du
dernier gendarme auront disparu à l'horizon ! A la
dernière station, au lieu du contrôleur qui demandera le billet, si c'était un commissaire de police qui
ouvrît la portière, au nom de la loi ? Les autres prétendants, un Bourbon, un d'Orléans, un Bonaparte,
n'ont au cœur qu'un désir : rentrer en France, fou-
ler de nouveau le sol béni de la patrie ! Lui, il n'a
qu'une pensée : passer la frontière... Il s'agite, s'inquiète, mal rassuré par sa compagne : « Ce bruit ?
quel est ce bruit ? Quoi ! toujours le vent de France
dans les peupliers de France ! » Et il relève le collet
de son manteau, se blottit dans l'angle du wagon...
« Heureux Rochefort ! Homme sage qui n'attend
jamais, lui, le dernier moment. qui dort déjà à
Mons du sommeil tranquille de l'évadé ! » Bruxelles,
enfin, Bruxelles ! Il est à Bruxelles... « Il y remplace

le duc d'Aumale ! » écrit le *Figaro*. Hé! qui donne à M. Magnard le droit d'injurier le duc d'Aumale à ce point? M. Boulanger ne remplace même pas M. Jacques Meyer !

Quand je vous le disais l'autre jour : « Cet homme, sur son cheval noir, c'est un pleutre! »

Lorsque la première nouvelle du départ de cet homme s'est répandue avant-hier dans Paris, il fallait entendre ceux qui, pouvant se dire républicains, ou royalistes, ou même bonapartistes, s'étaient eux-mêmes condamnés à la cocarde boulangiste; il fallait les entendre et il fallait les lire, les malheureux! car ils ont écrit. Depuis les grands dignitaires de la junte centrale qui hochaient les épaules avec dédain et accusaient le ministre de l'intérieur d'en avoir menti par la gorge, jusqu'à la cuisinière, délaissant ses casseroles, qui jurait que « ces gens du gouvernement » calomniaient son maître, son bon maître, il n'y en avait pas un, dans toute la bande, qui n'affirmât sur l'honneur que le patron n'avait pas déserté. « Quoi! s'en aller, s'en aller maintenant quand ses amis de la Ligue, qui n'ont agi en tout et pour tout que par son ordre, qui n'ont dressé leurs plans de mobilisation et d'insurrection que pour obtenir de lui un sourire approbatif; quand Déroulède et Laguerre, et Turquet, et le pauvre Naquet, sont sur les bancs de la correctionnelle; quand, demain peut-être, Mazas ouvrira devant eux et fermera sur eux ses portes de fer! Quoi! s'en aller quand le

danger est là, quand un magistrat apparaît qui ne
reculera pas devant son devoir, s'en aller, fuir, déserter maintenant ! Non, vous n'avez pas le droit de
l'outrager ainsi ! Il a mérité toute votre haine ; non,
il n'a point mérité tout votre mépris ! » Et nous nous
laissions presque convaincre ! Et comment ne se se-
rait-on pas laissé convaincre ? Il avait été soldat, il
avait commandé à des régiments français, à un
corps d'armée, à l'armée tout entière !... Et nous
n'avions qu'une raison de croire qu'il était parti,
c'est que les boulangistes affirmaient qu'il n'avait
point quitté Paris !

Je ne suis point suspect, quand il s'agit de M. Boulanger ; eh bien! je m'étais arrêté à mi-route du
mépris dont il est digne, et je m'en accuse !

Donc il est parti, parti nuitamment, parti comme le
dernier des voleurs et des escrocs, parti sans avoir
prévenu Turquet, sans avoir même averti sa cuisinière... Les lois, les justes lois de la République
n'ont même pas eu à se montrer : il a suffi qu'un
autre qu'un simple journaliste en prononçât le
nom... Le *Journal officiel* arrive rue Dumont-d'Urville : le « général » rompt la bande ; il lit le décret
qui nomme M. Quesnay de Beaurepaire procureur
général, et tout de suite, sans perdre une heure,
sans perdre une minute, il boucle sa valise, cette
valise dont il disait la veille, d'un ton superbe et
majestueux, qu'il s'apprêtait à la transporter à Mazas,
ne voulant pas abandonner seul dans sa geôle Naquet,

« mon vieux Naquet »; il se jette dans un fiacre et il prend le train !

O Paris, Paris, mon cher Paris, ma « Ville-Lumière »! voilà l'homme, cependant, que tu as acclamé et que tu as élu !...

Il n'y a plus rien à dire, car le vocabulaire du dégoût est incomplet, car il y a des couardises que la langue française ne pouvait pas prévoir; mais plus que jamais il faut agir, agir avec promptitude et décision, comme s'il était là, comme s'il n'avait pas abandonné ses troupes en pleine bataille. Contumax ou non, cela ne change rien à son crime, à l'attentat qu'il avait préparé, au complot qu'il avait monté contre le gouvernement de la République. Ce complot, cet attentat, ce crime, il faut les juger, les juger rapidement, sans perdre plus de temps, pour en finir au plus tôt avec ce cabotin qui, depuis trop longtemps, encombre la scène, avec ce nom qui, depuis trop longtemps, salit nos murs. Il s'en est allé, il s'est évanoui dans l'air, comme le vibrion : « Pst! pst! un petit bruit! » Oui, mais la loi est restée, la loi qu'il avait bravée et violée, la loi à qui il faut enfin rendre la parole! Ses amis, les meilleurs de ses amis, ceux qui l'avaient inventé, qui l'avaient fait, qui l'avaient hissé sur son piédestal, — et qu'il n'emmenaient même pas dîner en ville, — aujourd'hui, le front rouge de honte, le désavouent et le répudient. Oui, mais son forfait n'a pas encore été frappé et un exemple est nécessaire. Sa fuite ignoble

est un aveu, la proclamation burlesque que le téléphone a apportée, où il tutoie la France, cet his-
trion dont l'épée n'est qu'une latte! est une pièce
à conviction à ajouter à tant d'autres. Oui, mais
l'aveu ne suffit pas à venger la justice outragée : à
Rome, les accusés avaient le droit de prévenir la
peine en se condamnant eux-mêmes à l'exil; mais,
quand les accusés s'étaient ainsi condamnés eux-
mêmes, le peuple n'en prononçait pas moins l'interdiction de l'eau et du feu.

Donc, il faut que la justice soit égale pour tous.
Elle prononcera ce soir sur les complices, les sous-
ordres, les agents d'exécution, les directeurs de la
Ligue qui, eux, du moins, sont restés, ont refusé
de suivre dans la fuite le « général » que Bruxelles a
hué hier, le comte qui l'a accompagné, le marquis
qui l'a précédé à l'hôtel du *Grand-Monarque*. Mais
que serait une justice qui frapperait les soldats et
qui s'arrêterait devant le chef, devant l'auteur principal, devant celui qui a ordonné le crime? Non, la
justice poursuivra son œuvre jusqu'au bout, toute
son œuvre. Quand notre ami Thiers, le député républicain de Lyon, le lieutenant de Denfert à Bel-
fort, vit, pour la première fois, M. Boulanger, dans
je ne sais quelle commission de la Chambre, il nous
dit en sortant : « Je l'ai bien regardé : c'est Bazaine! »
Il ne se trompait pas : c'était bien Bazaine; il n'y
aura pas eu, hélas! dans notre armée, qu'un seul
traître, qu'un seul lâche! Qu'il finisse donc comme

Bazaine, traînant sur les grandes routes de l'Europe son ignominie et son impudeur! La succession de ce mort-vivant était à prendre : qu'il la garde, il en est digne. Et, quand le Sénat républicain aura prononcé sur cette bande, nous pourrons donner en paix au grand mot du consul romain sa véritable traduction : *Vixerunt!* c'est-à-dire littéralement : « Ils ont vécu! Ils ont fait la noce! »

Le gouvernement s'étant résolu à agir, le conseil des ministres, à l'unanimité des voix, décida de poursuivre M. Boulanger devant le Sénat constitué en haute cour de justice pour complot et attentat, et il demanda, à cet effet, des poursuites à la Chambre contre le député de la Seine. Un incident regrettable avait retardé de plusieurs jours le dépôt de la demande : M. Bouchez, procureur général, avait refusé, au dernier moment, de rédiger la requête au président de la Chambre. Le garde des sceaux révoqua le surlendemain M. Bouchez. M. Quesnay de Beaurepaire, nommé procureur général, adressa aussitôt la demande de poursuites au président de la Chambre.

LÉGITIME DÉFENSE

5 avril

Il a passé, hier, sur la Chambre, une bonne brise de Convention. J'entends que M. Paul de Cassagnac, du haut de son libéralisme immaculé, va me traiter de jacobin. Va pour Jacobin! C'est une épithète que nous préférons à celle d'imbécile. Après des mois, après des années d'inexplicable patience, la République, enfin, prend le parti de se défendre; elle a pour elle la loi et le droit, le Code et la Constitution; elle a devant elle un conspirateur dont le succès ne serait pas seulement l'étranglement de la République et le déshonneur de la France devant le monde, mais encore, à bref délai, le châtiment auquel les peuples qui abdiquent entre les mains d'un homme n'échappent jamais : et la République hésiterait plus longtemps à se servir des quelques armes qu'elle a gardées !

Donc, par 333 voix contre 199, la Chambre a adopté les conclusions de la demande en autorisation de poursuites contre M. Boulanger qui lui avait été adressée par le procureur général près la Cour

de Paris. Ç'a été, comme il convenait, l'affaire de
deux petites séances séparées par l'entr'acte nécessaire à la nomination d'une commission et à la
rédaction d'un rapport sommaire.

Le flagrant délit perpétuel était manifeste : il n'y
avait qu'à le constater. M. le président du conseil
et M. le rapporteur Sabatier l'ont fait simplement,
en d'excellents termes. La droite royaliste et bonapartiste écumait : à chaque tour que l'aiguille faisait
sur le cadran, elle voyait s'écrouler un peu plus son
rêve, le doux rêve qu'elle avait fait d'étrangler la
République, d'égorger la gueuse. Adieu, trou! adieu,
trouée! adieu, le lit où M. Boulanger devait coucher la royauté ou l'empire!

Ces petits-fils des croisés, ces héritiers des plus
grands noms de la vieille France, ne se possédaient
plus de rage; leurs interruptions furieuses recu-
laient les bornes du naturalisme parlementaire : un
vacarme de mauvais lieu, fait d'injures grossières et
de cris d'animaux, couvre d'abord la voix du président de l'Assemblée donnant lecture de la requête
du procureur général; à la fin de la séance, on verra
un grand seigneur vendéen s'élancer au fauteuil,
menaçant du poing M. Méline et poussant des hurlements inarticulés.

M. Taine a cité quelque part le mot de ce gentil-
homme rachitique, vers la fin du règne de Louis XV,
montrant à un philosophe des valets superbes qui se
prélassaient dans une antichambre : « Voilà com-

ment nous les faisons ! » et touchant de sa badine
ses jambes flageolantes : « Voilà comment ils nous
font ! » — Nous voyons de même ce que les marquises
font, quand elles s'y mettent, d'un soldat, et ce
qu'un Boulanger fait des anciens preux de Henri V !

M. de Cassagnac, défenseur attitré du Parti républicain national, — le Saint-Empire romain, disait
Voltaire, appelé ainsi parce qu'il n'est ni saint ni
romain, — M. de Cassagnac a traité « de tissu d'infamies et de mensonges » la requête de M. le procureur général tendant à traduire M. Boulanger,
pour complot, attentat et embauchage, devant la
haute cour de justice.

Je n'ai rien à dire contre *infamies :* la requête est
le résumé de la carrière politique de M. Boulanger.
Quant à *mensonges,* attendons le débat public devant
le Sénat ; on verra si M. de Beaurepaire a exagéré.
C'est un tout autre reproche, quant à moi, que j'a-
dresserais à cette requête : d'abord je ne la trouve
point, si je puis dire, *dans la note ;* M. le procureur
général s'est trop souvenu, à mon sens, qu'il est
l'auteur exquis du *Forestier* et du *Marinier ;* je me
permets de croire qu'on ne parle pas sur le même
ton du chef d'une bande d'insurgés et du pasteur
Tityre.

En second lieu, je n'ai jamais goûté le système
des « petits paquets » : M. le procureur général ne
demande à déférer au Sénat que M. Boulanger ;
résultat : il permet à MM. Laur, Le Hérissé et con-

sorts de proclamer audacieusement qu'ils sont soli-
daires de tous les actes de leur général et qu'ils
s'étonnent de ne pas être poursuivis avec lui.

Je sais bien qu'il y a une circonstance atténuante :
M. de Beaurepaire avait jugé les serviteurs d'après
le maître ; il n'avait pas eu le temps d'oublier que le
maître n'avait point réclamé sa part dans les poursuites contre la Ligue...

Quoi qu'il en soit, l'essentiel est fait: le Sénat
va être constitué immédiatement en haute cour. Il
faut bien qu'une fois, comme par hasard, le dernier
mot reste à la Justice et à la Liberté!

LES SAUVEURS SE SAUVERONT

6 avril.

Le fait est avéré, puisqu'il est affirmé par les
journaux boulangistes, les mêmes qui attestaient le
ciel, il y a trois jours, que le brav'général n'avait
point passé en Belgique. Si cet écuyer, précédé du
clown favori qu'il tutoie, a déserté son cirque, c'est
que des personnes sûres, Frosine, selon les uns,
Macette, disent les autres, l'avaient renseigné, juste

à temps, sur le dessein où était le gouvernement de l'assassiner. Sa mort avait été décidée dans un conseil secret : on ne délibérait plus que sur la manière la plus expéditive d'en finir.

Je ne badine pas : ouvrez les gazettes pour qui la lumière vient du Nord, vous y trouverez la chose dans le plus grand détail. Vous y verrez notamment que M. Constans tenait pour le poison des Borgia, que M. de Freycinet recommandait les fossés de Vincennes et que M. Fallières vantait la cravate de Pichegru.

Sans les révélations opportunes d'une femme qu'on n'a pas revue, le coup était fait. Macette est venue, Macette avait tout surpris, Macette a tout raconté : le héros s'est évanoui, mais l'homme n'est pas resté.

M. Boulanger a pris la fuite devant le fantôme d'un péril imaginaire et saugrenu. On a annoncé hier matin, pendant cinq minutes, que le téléphone avait transmis au matamore en débandade le cri de réprobation et de colère de ses amis trahis et abandonnés et qu'il avait résolu de rentrer. Je n'aurais pas, quant à moi, demandé mieux. La fuite avait été l'aveu spontané du crime projeté ; le retour eût été la confession forcée de la lâcheté commise.

Mais le même téléphone a rapidement averti M. Boulanger que deux gendarmes, munis d'un mandat d'arrêt en bonne forme, l'attendaient à la frontière ; sur quoi M. de Rochefort, que les lecteurs de l'*Intransigeant* croient toujours à Paris, fier et superbe à son poste, n'a pas eu de peine à retenir le cher Ernest. Quelqu'un a cherché à démontrer à l'hôte choyé des duchesses que deux mois de l'hygiénique régime de Mazas seraient souverains pour rétablir la précieuse santé que trop de truffes et de coulis ont compromise. M. Boulanger a répondu qu'il préférait de beaucoup aux horizons restreints de Mazas, et même aux horizons lointains de l'île Nou, la vue du clocher de Sainte-Gudule : et M. Vergoin, qui venait d'arriver, a dit : *Amen !*

Nous ne reverrons donc plus M. Boulanger qu'en effigie. De temps à autre, le téléphone, qui est décidément une belle invention, nous apportera un manifeste où Bazaine II dénoncera son pays à la haine et au mépris de l'étranger. Nous connaissons d'avance cette prose de Coblentz : cet émigré aura beau blasphémer, le dégoût qu'il nous inspire ne peut plus croître.

On peut attendre, en pleine tranquillité, les délais que le Code d'instruction criminelle accorde aux contumax. Quand ils seront expirés, il restera bien une douzaine de citoyens français ayant le cynisme d'avouer qu'ils sont toujours boulangistes. On les montrera à la foire de Neuilly, pour deux sous, dans la baraque du veau à trois têtes...

... Ou il faudra désespérer de la raison !

HAUTE COUR ET COUR MARTIALE

7 avril.

M. Boulanger devient ennuyeux. Quand nous avions le bonheur de le posséder dans nos murs, les déjeuners, les *five o'clock*, les dîners, les soupers, les visites de digestion et le reste absorbaient son temps : nous en étions quittes pour un discours et un manifeste par mois. Il s'ennuie à Bruxelles : les duchesses brabançonnes ne se commettent pas, les restaurants belges ferment à dix heures du soir, le prince Victor n'est pas récréatif; partant, un discours par jour et un manifeste tous les matins. Le rédacteur en chef par *intérim* de l'*Intransigeant* passe son temps au téléphone de la place de la Bourse, et M. Naquet, roulant de banquet en banquet, n'arrête pas de déclamer les épîtres de saint Ernest aux Charonnais.

Le téléphone international encaisse de belles recettes : cela nous fait plaisir; il n'y a plus de banquet bonapartiste sans un discours de M. Boulanger, récité au dessert, sur l'air de la *Mère Godichon*, par M. Naquet : cela ne nous trouble pas. Ce

qui est insupportable, c'est l'obligation profession-
nelle pour les journaux d'avoir à reproduire matin
et soir ces odieuses calembredaines. On pourrait,
on devrait s'occuper de mille questions intéres-
santes, du budget qui attend, des lois sur les travailleurs et les ouvriers des chemins de fer, des
lois électorales, des préparatifs de l'Exposition :
encore un discours! encore un manifeste! L'Auver-
gnat, qui trouve un chausson dans sa soupière se
plaint à l'aubergiste : « Ce n'est pas que ce soit
sale, mais cela tient de la place! » M. Boulanger
cumule.

Il faudra pourtant que cette plaisanterie finisse.
D'ici peu de jours, nous reléguerons résolument les
manifestations oratoires de M. Boulanger aux faits
divers, entre deux exploits de cambrioleurs; nous
nous refusons, dès aujourd'hui, à faire à ces plates
et insipides invectives l'honneur de les réfuter.
M. Boulanger n'a trouvé rien de mieux, pour fêter,
la condamnation des principaux ligueurs à 100 francs
d'amende, que d'injurier grossièrement M. Antoine :
cela prouve que la Ligue mérite un peu plus tous
les jours son beau titre, mais cela ne vaut pas la
peine qu'on le relève. Être outragé par le franc-
fileur de Bruxelles est un titre d'honneur : l'ancien
député de Metz est en bonne compagnie. Mais peut-
on discuter de pareilles indignités!

La vérité, c'est que les faits et gestes de M. Boulanger n'intéressent plus que le gouvernement

belge. M. Beernaert, président du conseil des ministres à Bruxelles, entend, paraît-il, faire respecter le vieux renom d'hospitalité de la Belgique : ce sentiment est des plus honorables. Mais son collègue, M. le général Pontus, ministre de la guerre, estime, d'autre part, que la présence de M. Boulanger à l'hôtel Mengelle et l'attitude de ce soldat rebelle sont d'un détestable exemple pour l'armée royale : le vieux renom de loyauté et de discipline de l'armée belge vaut peut-être le renom, un peu ébréché, d'hospitalité qui est si cher à l'éminent premier ministre. Deux ou trois manifestes comme celui qui a été récité au lac Saint-Fargeau, et l'opinion de M. le ministre de la guerre pourraient bien l'emporter sur celle de M. Beernaert. On priera gentiment l'ami de M. Vergoin d'aller s'agiter ailleurs. Où ? peu nous importe, car M. Boulanger, pour ce que sa présence aux galeries Saint-Hubert nous gêne, peut bien y rester... Seulement on peut être assuré d'avance que ce n'est pas le Luxembourg qui aura l'insigne honneur de recevoir l'Ernest aux pieds légers. Ce nom est de mauvais augure : le Luxembourg, petit ou grand, ne verra M. Boulanger qu'en effigie.

En attendant, on ne saurait trop engager la Chambre à voter rapidement la loi sur la procédure de la haute cour de justice, non que cette loi soit indispensable, mais parce qu'il est nécessaire d'en finir au plus vite. Aussi bien M. Boulanger n'est-il pas justiciable que de la Haute Cour. Le complot contre la République appartient certainement au Sénat; mais d'autres faits commis par M. Boulanger, au mois de novembre 1887, pendant la dernière crise présidentielle, ainsi que les manœuvres des mois de février et de mars 1888, pourraient bien être déférés, en fin de compte, à un conseil de guerre. La prescription n'est pas encore acquise aux crimes et délits que M. Boulanger a commis au temps où il portait l'uniforme, et l'affaire de la Ligue dite des patriotes démontre que la définition exacte des délits et, par suite, la compétence des juridictions, ne sont pas des questions à dédaigner.

Le tribunal de police correctionnelle, en effet, a eu cent fois raison d'acquitter du fait de société secrète les prévenus qui lui étaient déférés; c'est le garde des sceaux ou le parquet qui a eu tort de viser la loi de 1848 sur ce genre de société. On se donnait autrefois la peine, quand on préparait de certains attentats, de les monter en secret; c'est une attention délicate que l'on n'a plus pour le gouvernement, pour notre débonnaire République. Les complots contre la Loi, contre la Constitution, on les organise aujourd'hui en public, à la claire lumière du jour ou de la lampe Edison, devant les femmes et les petits enfants que l'on prie d'entrer. Au besoin, on les ferait tambouriner.

J'ose espérer que le gouvernement et le Parlement comprendront la leçon que leur ont donnée les juges du tribunal correctionnel et qui peut se résumer ainsi : « Les mauvais desseins sont incontestables, mais nous ne sommes pas, en vertu même de votre plainte, juges des mauvais desseins; nous ne le sommes que de la société secrète : or, il est certain que, si l'on a conspiré, ç'a été publiquement. » Le cas de M. Boulanger est tout pareil : à la Haute Cour de justice le complot incontestable, incontesté, contre la République; à une cour martiale les révoltes contre la discipline et les tentatives d'embauchage. C'est l'instruction devant la Haute Cour qui révèlera s'il y a lieu de convoquer une cour martiale, et, si l'instruction apporte la preuve du crime militaire, le ministre de la guerre fera son devoir.

TOUS AUTRES...

10 avril.

Le Sénat a reçu avant-hier le décret qui l'appelle à siéger en haute cour de justice ; la Chambre a voté hier le projet de loi sur la procédure : la Haute Cour se réunira après-demain, armée de toutes pièces. Le gouvernement ni le Parlement n'ont perdu de temps. Il n'y avait d'ailleurs plus une heure à perdre. M. Boulanger avait promis aux duchesses qu'il présiderait à l'ouverture de l'Exposition. Si le gouvernement de la République n'avait pas fini par comprendre, la semaine dernière, que la tolérance a des limites ou elle s'appelle d'un autre nom, le coup eût certainement été tenté.

Il faut rendre cette justice à la droite royaliste et bonapartiste de la Chambre : elle a déployé une énergie farouche pour sauver l'ami de M. Vergoin. Je connais M. Delafosse, M. Albert Duchesne, M. Le Provost de Launay ; je sais avec quelle pieuse ardeur ces admirateurs du coup d'État de Décembre, ces panégyristes des commissions mixtes, ces glorificateurs de toutes les exactions du 24 Mai et du 16 Mai, ont toujours défendu la cause de la Liberté immaculée, et qu'ils n'ont jamais manqué une occasion de témoigner de leur dévouement aux principes.

Je me garderai donc de mettre en doute la pureté irréprochable de leurs intentions ; s'ils n'ont pas dîné, s'ils peuvent aujourd'hui en remontrer fièrement aux Irlandais dans l'art charmant de l'obstruction, si tous les orateurs de la Droite ont défilé à la tribune pour outrager la République et le parti républicain, c'est que l'amour seul de la Justice idéale emplissait tout entier ces grandes âmes... Oui, cela est entendu : ils n'ont protesté, manifesté, injurié, déclamé, récriminé et scruté pendant huit heures d'horloge que dans l'intérêt du Droit méconnu et violé. Ils n'ont pas songé un instant que le procès qui s'ouvrira dans quarante-huit heures devant la Haute Cour leur enlève leur catapulte contre la République. L'article Ier du décret qui constitue la Haute Cour pour juger les faits d'attentat contre la sûreté de l'État, vise M. Boulanger et tous autres. Ils ne se sont point préoccupés de *tous autres* ; *Tous autres* leur est aussi indifférent que Bruno-le-Fileur (1) lui-même ;

(1) M. Boulanger, en arrivant à Bruxelles, s'était inscrit sur le registre de l'hôtel Mengelh sous le nom de *Bruno* ; d'où le surnom de *Bruno-le-Fileur*, d'après un vieux drame de la Porte-Saint-Martin.

ils n'ont pas eu d'autre pensée que de défendre la Liberté et la Justice !

Le nommé *Tous autres* était-il aussi rassuré que MM. les députés inviolables de la minorité bonapartiste et royaliste?

On affirme de bonne source qu'il n'en est rien. Je ne parle pas des cinquante journalistes qui se sont reconnus, comme dans un miroir, dans la nouvelle annonçant que deux journalistes parisiens seraient impliqués dans les poursuites devant la Haute Cour. Au risque de ne plus être traité de jacobin par l'honorable M. Piou, ce qui me couvrirait de confusion, j'exprimerai l'avis que les journalistes boulangistes de Droite et de Gauche nous sont bien plus utiles dehors que dedans. Je ne recommencerais, pour ma part, à être inquiet que le jour où le *Gaulois*, la *France* et l'*Autorité* cesseraient de glorifier, matin et soir, le chef du comité Marchandon. Il faut laisser les enfants à leurs mères et les panégyristes attitrés de M. Boulanger à leurs gazettes. Mais d'autres personnages que de simples journalistes se sont sentis menacés par le *Tous autres* du décret présidentiel. Ah! si le téléphone de Bruxelles était doublé d'un phonographe ! On ne compte plus les appartements qui ont été retenus depuis hier matin à l'hôtel Mengelh, et je comprends maintenant pourquoi le gouvernement belge, à qui il coûta si peu d'expulser Charras et Victor Hugo, se montre plein d'égards pour

M. Boulanger. Ce qu'il appelle le vieux renom d'hospitalité de la Belgique, c'est les petites affaires des aubergistes de Bruxelles !

Mais, encore une fois, ces basses considérations ont été totalement étrangères aux superbes manifestations de MM. Albert Duchesne et Jules Delafosse. La Chambre, cependant, s'y est montrée aussi insensible qu'à la déclaration magnifique et saugrenue dont l'incomparable Achard lui a donné lecture, au début de la discussion. Les petits enfants des écoles primaires savent où la « Sentinelle invisible » de Michel (de Bourges) a mené la République ; M. Achard l'ignore. Reconnaître la Haute Cour, c'est reconnaître le Sénat ! Ne demandez point ce sacrifice à M Achard. Périsse la République plutôt qu'un article du sacro-saint programme intransigeant !

Donc, la loi de procédure est votée à l'énorme majorité de 318 voix contre 205, et la Haute Cour tiendra, vendredi, sa première séance. L'honorable M. Léon Renault s'acharnera sans doute à y renouveler la protestation que le Sénat a refusé d'entendre avant-hier et dont un résumé a été communiqué aussitôt au *Gaulois*. Léon Renault ! je n'en reviens pas ! Renault, l'ancien préfet de police de M. Thiers, qui mettait si gaillardement, en l'absence de toute loi, la main au collet de M. Jérôme Bonaparte et le reconduisait à la frontière ! Comment cette poigne s'est-elle changée en un ruisseau de

larmes sentimentales ? « Je n'ai pas le droit, s'écrie
M. Renault, « de juger le général Boulanger,
« parce que je le hais ! » Mais alors le premier
bourgeois venu qui, lisant dans son journal le récit
des hauts faits de Prado ou de Pranzini, a accompagné cette lecture d'un expressif : « Ah ! la ca-
naille ! » ce citoyen, s'il était tombé au sort comme
juré, n'aurait pas eu le droit de juger l'assassin de
Marie Aguétant ou celui de Mme de Montille !

LAISSONS-NOUS ÉGORGER!

12 avril.

M. Édouard Hervé, membre de l'Académie française et directeur du *Soleil*, estime que les poursuites dirigées contre M. Boulanger « sont à la fois puériles et odieuses ». Puériles, cela s'entend : Dieu soit loué! l'ancien courtisan du duc d'Aumale est en sûreté à l'hôtel Mengelh ; odieuses, parce que l'ami de M. Rochefort n'a rien commis qui, de près ou de loin, ressemble à un attentat. L'attentat! écrit notre éminent confrère, où est l'attentat? il n'y a pas plus d'attentat que sur la main! Partant, le « général » est blanc comme neige et les républicains sont des bandits. « On demande un attentat! »

Ah! si M. Boulanger était descendu dans la rue comme Barbès; si, comme M. Louis-Napoléon Bonaparte, il avait débarqué sur une plage avec un morceau de lard et un aigle à son chapeau, alors, il y aurait attentat; alors, vous seriez en droit de convoquer la Haute Cour de justice. Mais il ne s'est passé rien de tel et, par conséquent, votre conduite, ô républicains! est un long tissu d'infamies.

Dès que l'article du *Soleil* est arrivé à Bruxelles, M. Boulanger — du moins on l'affirme — a téléphoné à M. Edouard Hervé ses chaleureux remerciements. Le plus élémentaire sentiment des convenances le prescrivait au plus reconnaissant des hommes : ce châtiment, la gratitude de M. Boulanger, si M. Hervé n'en avait pas été jugé digne, qui aurait jamais pu aspirer à le mériter? Comment ! les républicains n'attendent pas, pour défendre la République, qu'ils aient été, au préalable, massacrés, déportés en masse, fusillés par pelotons sur les boulevards ! Quand le coup aura été fait, lorsque la Loi aura été étranglée, la Constitution mise en pièces, la liberté muselée ; quand la dictature, préface infaillible de l'invasion et du démembrement, aura jeté le masque et se sera dressée, hideuse et féroce au milieu des ruines, alors, mais alors seulement, ô républicains ! défendez-vous, prononcez les mises hors la loi, convoquez les Hautes Cours. Jusque-là, taisez-vous, tenez-vous cois ; jusque-là, tout ce que vous ferez sera un crime contre la liberté ; jusque-là, vous n'aurez aucun droit que de suivre en bêlant, ô mes agneaux, le chemin qui mène à la boucherie !

Ainsi raisonne M. Hervé, M. Hervé qui cependant, si je consulte le Dictionnaire des contemporains, était déjà sevré le 2 décembre 1851 et qui a pu voir de ses propres yeux à quoi servent les Hautes Cours de justice quand on attend, pour les convoquer, le lendemain des coups d'État. Elle a été convoquée le 3 décembre 1851, la Haute Cour de justice de la deuxième République, avec M. Renouard comme procureur général ! Un caporal et trois hommes ont suffi, M. Hervé l'a-t-il oublié ? pour la mettre à la raison. Il était grand temps, en vérité, de faire parler les justes lois quand le forfait suprême avait été accompli ! M. Hervé, qui a écrit sur l'Irlande un très beau livre, connaît l'histoire de l'Irlandais qui verrouilla à triple tour la porte de son écurie, le soir du jour où son cheval avait été volé. Évidemment cet Irlandais était un grand sage ; évidemment la porte verrouillée de la veille, ce que Papinien et Cujas appellent la justice préventive, est le comble de la scélératesse...

« On demande un attentat ! » Je traduis en bon français : « Laissez-vous égorger d'abord, attendez que le crime soit commis et triomphant, car, sinon, vous pouvez avoir des présomptions, mais vous n'avez pas de preuves matérielles, vous êtes d'odieux jacobins et d'abominables sectaires... » Eh bien, soit ! nous serons d'odieux jacobins et, comme feu le roi Louis-Philippe lui-même, nous coifferons pendant une heure le bonnet rouge. Vous nous conjurez d'être des imbéciles pour la plus grande gloire de la justice répressive. Eh bien, encore une fois, non, nous serons tout ce que vous voudrez, mais nous ne serons pas ces imbéciles.

Des preuves, il vous faut des preuves, étant donné

que vous entendez, non pas ce que l'on entend d'ordinaire, en droit commun, par preuves, mais des preuves matérielles, mais des ordres officiels et publics d'insurrection, le forfait commencé, c'est-à-dire accompli?... Je poserai, à mon tour, une question à M. Hervé. Je suppose que le 1er décembre 1851, sur le coup de dix heures du soir, le président de l'Assemblée nationale eût été un autre que M. Dupin et que, sentant dans l'air le coup d'État qui allait éclater quelques heures plus tard, où la République allait périr, où la France allait s'effondrer, il eût fait son devoir, il eût fait arrêter par Cavaignac, Lamoricière ou Changarnier le président Bonaparte et l'eût fait conduire, entre deux gendarmes, à Vincennes : quelles *preuves* — dans le sens où M. Hervé entend ce mot — eût-il pu apporter le lendemain aux représentants du peuple ? Il eût sauvé la République, il eût sauvé la France, il eût sauvé l'Alsace-Lorraine. M. Hervé a compté parmi les ennemis les plus résolus de l'Empire : M. Hervé ne niera pas que cette justice préventive eût sauvé ces choses qui en valaient peut-être la peine... Mais quelles « preuves » eût-il apportées ? M. Hervé a lu tous les historiens du 2 décembre, depuis Bellouino jusqu'à Taxile Delord, depuis Granier de Cassagnac le père jusqu'à Ténot, depuis le docteur Véron jusqu'à Victor Hugo, depuis M. de Maupas jusqu'à Schœlcher ; M. Hervé sait comme moi-même qu'aucun ordre écrit, aucun ordre précis du coup d'État, aucun ordre libellé d'insurrection contre la loi n'eût été trouvé à l'Élysée. La caisse était vide, vide d'argent, car seuls « les hommes criblés de dettes et de crimes » conspirent; vide de papiers, car les conspirateurs, à moins qu'ils ne soient les derniers des niais, n'écrivent jamais. Où étaient les preuves matérielles ? Il y avait le manuscrit de la proclamation qui fut affichée le lendemain sur les murs de Paris. Mais M. Hervé ignore-t-il que M. Bonaparte ne l'a remis à M. de Saint-Georges, directeur de l'Imprimerie nationale, qu'à la dernière minute et qu'il eût suffi d'une bougie à M. de Saint-Georges, averti à temps — et il l'eût été — pour réduire en menues cendres cette preuve unique ? M. Bonaparte avait passé sa soirée à recevoir officiellement ses amis à l'Élysée ; M. Espinasse avait dîné avec le général Leflô ; M. de Morny avait coqueté à l'Opéra toute la nuit avec des duchesses : où étaient les preuves ? Les régiments n'avaient même pas été consignés, ou s'ils l'avaient été, ce qui n'est point établi, ils l'avaient été également dans vingt occasions précédentes : les preuves matérielles ? où étaient les preuves ?

Il y avait un préfet, celui du Cantal, je crois, qui avait reçu de M. Bonaparte lui-même, le 1er décembre au matin, un pli cacheté qui enfermait les proclamations du coup d'État. Il partit le soir même ; M. de Maupas lui dit en le quittant : « Quand vous passerez à Moulins, regardez le télégraphe optique ;

s'il fait tel signal, c'est que rien n'est fait et vous brûlerez le pli cacheté sans le lire... » Les preuves matérielles, monsieur Hervé, où étaient les preuves ?

Et vous nous demandez, à nous républicains, aux anciens qui ont subi pendant dix-huit années la tyrannie du second Empire, aux jeunes qui se sont éveillés à la vie publique pour voir la France envahie, trahie, livrée, mise à feu et à sang, démembrée et ruinée, vous nous demandez d'attendre, pour avoir des « preuves », que le coup soit fait ! Nous serons bâillonnés, emprisonnés ; exilés, déportés, canonnés ; la liberté sera assassinée, la France sera avilie ; nous n'avons point assez, paraît-il, d'un préfet prussien à Strasbourg et à Metz ; nous en aurons à Épinal et à Nancy : qu'importe, nous aurons des « preuves ! » attendons les preuves !

Eh bien, non, nous n'attendrons pas ! nous tenons le flagrant délit perpétuel ; il nous suffit, nous n'avons pas besoin de l'attentat consommé. Ce flagrant délit, le même, ceux qui nous ont appris à aimer la liberté et la République, Thiers et Hugo, Charras et Madier, Jules Favre et Quinet, ils l'avaient depuis la revue de Satory comme nous l'avons, nous, depuis la revue de la gare de Lyon. S'ils l'avaient frappé alors, s'ils avaient pu le frapper dès lors, ce flagrant délit perpétuel du Bonaparte, le peuple français n'eût point subi le joug ignoble de l'Empire pendant dix-huit années et le drapeau aux trois couleurs flotterait encore sur les vallées de l'Alsace... Mon cher confrère, les républicains d'aujourd'hui ont l'expérience du passé, ils n'ont pas encore eu le temps d'oublier le châtiment ; ils ont, de plus, le bonheur de pouvoir frapper le crime avant que le crime soit le vainqueur couronné, et ils le frapperont ! Oh ! oui, vous pouvez y compter, ils le frapperont, et sans pitié ! C'est très joli, les conciliabules des représentants du peuple qui protestent à la mairie du dixième arrondissement contre la loi violée et la République égorgée ! C'est très joli, les longs défilés des mandataires du peuple que deux escadrons mènent, à coups de crosse dans le dos, à la caserne du quai d'Orsay, au Mont-Valérien et à Mazas. Mais c'est assez d'une fois ! Cette fois-ci, nous ne nous laisserons pas surprendre au saut du lit comme des niais. Cette fois-ci, c'est nous qui frapperons.

PREMIÈRE AUDIENCE

13 avril.

Le Sénat a nommé hier matin la commission chargée de l'instruction et de la mise en accusation dans le procès de complot et d'attentat contre la sûreté de l'État. M. le duc d'Audiffret-Pasquier ayant décliné la place qui avait été offerte à la Droite, la commission se trouve composée de neuf membres titulaires et de cinq membres suppléants, tous républicains.

A deux heures, la Haute Cour a tenu sa première audience. Les sénateurs républicains étaient en habit noir et cravate blanche. Les sénateurs de Droite avaient conservé la redingote ou le veston : leur protestation n'est pas allée plus loin. M. Delbreil, M. de Montesquiou-Fezenzac, M. Léon Renault se sont récusés.

Après l'appel nominal, le président donne l'ordre d'introduire les membres du ministère public, et MM. Quesnay de Beaurepaire, Duval et Roulier, en grand costume, font leur entrée. M. le sénateur Naquet avait pris l'engagement d'assister à la séance :

il n'y a pas assisté. Mais les boulangistes de grande marque, qui étaient dans les tribunes, ne riaient plus.

Le procureur général, d'une voix forte, commence la lecture de l'acte introductif d'instance : sont poursuivis pour attentat contre la sûreté de l'État et pour complot, sans préjudice des co-auteurs ou complices que l'instruction fera connaître, M. Georges-Ernest Boulanger, général en retraite, député, en fuite ; M. Arthur Dillon, sans profession, en fuite ; M. Victor-Henri de Rochefort, publiciste, en fuite... M. de Beaurepaire se rassied... Je ferme les yeux, je revois la salle du conseil de guerre de Trianon, je revois, affaissé sur son banc, hébété, comprenant à peine, cet autre soldat que la politique avait perdu, lui aussi, mais à qui on avait laissé le temps de perdre la patrie !

Le ministère public se retire, les tribunes sont évacuées, la Haute Cour se constitue en Chambre du conseil. Par 210 voix contre 55, la Cour ordonne qu'il soit procédé à l'instruction.

Ceux qui ont des yeux pour voir et qui ont vu ces choses, je vous jure qu'ils n'ont pas cru assister à une parodie de la justice...

ALLER ET RETOUR

18 avril.

« M. Boulanger, dentiste, a transporté son cabi-
« net de conspiration à Bruxelles. »

Cette formule de la quatrième page des journaux
spéciaux résume les mille et trois informations dont
les agences dévouées, les correspondants attachés à
la personne de Sa Hautesse, les reporters admis aux
petits-levers de l'hôtel Mengelh, encombrent depuis
huit jours, les colonnes des feuilles boulangistes. En
résumé, M. Boulanger ne fonctionne pas autrement
à Bruxelles que rue Dumont-d'Urville : le matin, il
prend connaissance des rapports de ses émissaires,
confirme ou renouvelle les instruction séditieuses de
ses comités, reçoit des délégations, met son paraphe
aux articles où M. de Rochefort déverse la boue
sur le gouvernement de la République, pointe des
listes de fonctionnaires, signe des billets à ordre ;
le soir, il dîne avec des dames encocardées d'œillets rouges et s'instruit aux représentations de la
Femme à papa. Sauf que M. Boulanger ne lit plus,
à l'heure du champagne, comme s'ils étaient de lui-
même, les discours que lui ont composés M. Na-

quet ou M. Laguerre et que M. Laguerre ou M. Naquet lisent aujourd'hui, à Versailles ou à Charonne,
comme s'ils étaient du « général », rien n'est changé
au travail quotidien : le mélange de Complot et
d'Opérette est toujours le même.

J'entends dire : « Il faut demander au gouvernement belge l'expulsion de M. Boulanger. » Ce n'est
pas mon avis. Que le gouvernement belge qui, en
d'autres temps, expulsa sans plus de scrupule M. le
comte de Chambord, qui était le premier gentil-
homme des deux mondes et le descendant de cent
rois, le colonel Charras, qui était le plus loyal des
soldats, et Victor-Hugo, que ce même gouvernement
réserve toutes ses indulgences à cet homme de
toutes les trahisons et de tous les mensonges, chassé
de l'armée par ses pairs comme indigne, le plus cynique et, à la fois, le plus lâche des factieux, c'est
son affaire et non la nôtre. Le général Pontus, ministre de la guerre, a averti M. Beernaert : « Prenez garde que vous ne donniez à l'armée belge un
détestable exemple ! » Que l'exemple soit ou non
donné, cela ne nous regarde pas. Mais, ceci dit, nous
n'avons aucun intérêt appréciable à voir M. Boulanger transporter son cirque de Bruxelles à Londres. On conspire aussi facilement de Londres que
de Bruxelles : un trajet à peine plus long de trois
heures, un peu de nausée au passage du détroit, ne
sont pas pour effrayer des estomacs de héros. — Et
le téléphone ?... Mais à qui pensez-vous que le télé-

phone rende le plus de services ? Si le téléphone
Paris-Bruxelles n'existait pas, il faudrait l'inventer,
— je ne sais pas si je me fais comprendre — et il
faudra l'établir de Paris à Londres.

Donc, puisqu'il a été malheureusement impossible
de mettre la main au collet de ce rebelle, qu'il ins-
talle sa raison sociale à Bruxelles, sous le nom de
Bruno-le-Fileur, ou à Londres, sous celui de Baker-
Pacha, il importe peu. Que ce soit de Bruxelles, de
Londres ou de Madrid qu'il continue à conspirer, à
provoquer au renversement du gouvernement de
son pays et à la violation de toutes les lois, à nous
expédier des discours et des manifestes dont la violence à froid (et à couvert) ne mérite même plus un
haussement d'épaule, que voulez-vous que cela nous
fasse? Il importe en revanche qu'un certain nombre
de mesures de précaution, commandées par le bon
sens le plus élémentaire, soient prises sans retard
contre ses complices de l'intérieur. Si M. Robert
Mitchell, M. Laisant, M. Georges Roche, M. Laur,
M. Laguerre, M. Naquet, vingt autres qui ne valent
pas la peine qu'on les nomme, font la navette entre
Paris et Bruxelles, comme ils la feraient demain
entre Paris et Londres, il est probable qu'ils ne se
déplacent pas seulement pour s'informer *de visu* de
la précieuse santé de leur bel ami et lui apporter
les derniers parfums du boulevard. M. le ministre
de l'intérieur a-t-il le droit d'empêcher que des billets d'aller, pour Londres ou pour Bruxelles, soient

délivrés à ces messieurs ? Il n'a point ce droit. Mais
M. le ministre de l'intérieur a-t-il le devoir de décider que les billets de retour seront valables seulement jusqu'à la frontière, Quivy ou Erquelines.
Boulogne ou Calais, c'est une autre affaire. Marianne est bonne fille, c'est entendu ; mais Marianne,
enfin, n'est pas encore Marion !

Si M. Boulanger était à l'Elysée et si c'était
M. Carnot qui se trouvât à Bruxelles, serait-il permis à MM. Tirard, Méline, Le Royer et Constans,
à supposer qu'ils n'eussent pas été expédiés immédiatement à la *Nouvelle*, d'aller matin et soir chercher
les ordres et les instructions du chef proscrit des
républicains ? Si le coup de force préparé par
M. Boulanger eût réussi, en février ou en juillet
dernier, serait-il permis à la *République française*,
à supposer que ses machines n'eussent pas été
mises immédiatement en morceaux, d'imprimer tranquillement soir et matin, comme le font tous les
jours l'*Intransigeant* et la *Presse*, que le gouvernement d'Ernest Ier est « un ramassis de Fra Diavo-
los sales et bancroches, de bandits, d'escrocs, de
filous et de canailles ? » M. Boulanger, premier
consul, aurait pour garde des sceaux M. Vergoin ou
M. Arthur Dillon ; pour ministre de l'intérieur,
M. de Breteuil ou M. Laguerre : je ne ferai l'injure
à aucun de ces personnages de leur poser seulement
ces questions ; ni M. Dillon, ni M. de Breteuil, ni
M. Vergoin ne sont des naïfs, et ils savent ce que
gouverner veut dire.

Observez que je ne parle pas de M. le sénateur
Naquet : dans un livre qu'il ne reniera pas et que
j'ai sous les yeux, M. Naquet s'est prononcé, en
effet, depuis longtemps et avec force, pour le rétablissement de la peine de mort en matière politique.
Selon M. Naquet, il n'y a pas d'autre peine sérieuse
en politique, et celui qui hésite à l'appliquer à ses
ennemis vaincus est un niais. Or, je me permets de
trouver que M. Naquet va un peu trop loin : je ne
vois pas bien le profit que la République tirerait de
la décollation de M. Arthur Meyer. Les diatribes furibondes des gazettes monarchistes, je ne me las-
serai pas de le dire, ne servent pas moins notre
bonne cause que les manifestes où la Droite de la
Chambre, sous la haute inspiration de M. le baron
de Mackau (ô Pacte, t'en souvient-il ?) s'insurge
contre la Constitution, prend M. Boulanger sous sa
protection et dénonce la Haute Cour de justice, cette
Haute Cour où siège la Droite sénatoriale, et que
les mêmes députés royalistes et bonapartistes, défenseurs incorruptibles de la justice et de la liberté, acceptaient fort bien quand il s'agissait pour
eux d'y envoyer le ministère Ferry. Mais en vérité, entre la tolérance ingénue, qui est le système aujourd'hui en vigueur, et la peine de mort,
qui est le système boulangiste, il y a des degrés
autant au moins qu'à la tour Eiffel. On demande
seulement au gouvernement de la République
de vouloir bien monter à la troisième marche...

LA NUIT HISTORIQUE

10 avril.

L'affaire de « la nuit historique », comme le cadavre mal ligotté du garçon pharmacien de Chatou, remonte sur l'eau. J'ai eu l'occasion, il y a quelques mois, de raconter ici même le conciliabule qui se tint chez M. Georges Laguerre, à la veille de l'élection présidentielle du 3 décembre 1887, et qui avait pour objet de préparer une insurrection à main armée dans l'hypothèse de l'élection de M. Jules Ferry par l'Assemblée nationale. M. Boulanger, alors commandant du 13ᵉ corps, de passage à Paris pour les travaux du comité de classement, assistait à cette réunion et en était l'âme. MM. Laisant, Granet, Camille Dreyfus, Lockroy, Andrieux et Clémenceau faisaient partie, avec quelques autres, du conciliabule ; M. Clémenceau n'était venu qu'avec répugnance et s'était fait assister d'un ami sûr ; on n'avait envoyé chercher M. Lockroy que fort avant dans la nuit. A une question posée, je crois, par M. Laisant, M. Boulanger, se préparant au rôle de général en chef de l'insurrection contre la repré-

sentation nationale, avait répondu par cet outrage
à la garnison de Paris : « S'il y a insurrection, l'ar-
« mée restera dans ses casernes ». M. Ranc, qui
avait cité le propos dans le *Matin* et m'avait fourni
ainsi l'occasion d'entrer dans quelques détails, avait
ajouté : « Le diable, c'est qu'il y a eu des témoins et
« *qu'un jour ou l'autre ces témoins parleront.* »

M. Boulanger, officier en activité de service,
provoquant une réunion politique qui avait pour
programme une insurrection éventuelle, prenant
part à de telles délibérations, tenant le propos si-
gnificatif que je viens de rappeler et qui n'a jamais
été démenti, promettant enfin à l'émeute que l'on
préparait le concours de son épée, commettait l'un
des actes les plus graves dont un soldat puisse se
rendre coupable. Les faits n'ont été révélés et connus
que postérieurement à la réunion du conseil d'en-
quête qui a frappé M. Boulanger pour ses actes
réitérés d'indiscipline pendant les mois de février et
de mars 1888, alors qu'il jurait sur l'honneur à M. le
général Logerot, ministre de la guerre, qu'il était
absolument étranger à l'entreprise électorale de
M. Thiébaud et qu'il adressait, en même temps, à
M. Dillon les fameuses dépêches où il le conjurait
de « chauffer la presse et l'opinion ». Mais ces faits
précis, reconnus par plusieurs témoins, ne sont
point prescrits par cela seul qu'ils ont été tardive-
ment divulgués et que M. Boulanger a été frappé
par le conseil de ses pairs pour d'autres méfaits.

M. Laguerre, qui est un jurisconsulte distingué, n'a
pu négliger d'informer M. Boulanger que les délais
de la prescription, tels qu'ils sont établis par le Code
pénal et par le Code militaire, courent encore. M. le
procureur général près la cour d'appel de Paris
était donc parfaitement en droit de relever cet épisode
dans sa requête au président de la Chambre des
députés; la commission des neuf est donc parfaitement en droit de faire porter son instruction sur la
nuit historique.

Quant à la juridiction qui, le cas échéant, serait
appelée à se prononcer sur ces incidents particuliers,
c'est une autre affaire; j'ai déjà eu l'occasion de
montrer que ce ne pouvait pas être la Haute Cour
de justice. La participation de M. Boulanger, officier
en activité de service, à un projet d'insurrection à
main armée, si cette participation est établie, les
faits d'embauchage, s'ils sont démontrés, peuvent
et doivent être retenus par la Haute Cour comme
des éléments constitutifs du complot et de l'attentat
dans leur ensemble; mais ils ne peuvent être jugés
en eux-mêmes et frappés que par une cour martiale.
C'est l'évidence même, reconnue sans hésitation par
M. Léon Renault comme par M. Félix Pyat. La loi
de juridiction, comme toute autre loi, bonne ou
mauvaise, est la loi; tant qu'elle n'est pas abrogée
ou modifiée, elle doit être strictement appliquée. A
la Haute Cour, l'attentat; à la cour martiale, l'embauchage et les crimes ou délits commis pendant

que M. Boulanger portait encore l'uniforme ; au
tribunal civil, le divorce ; au tribunal de police correctionnelle, les menus délits, si le préteur avait le
loisir de s'en occuper.

Les journaux boulangistes, qui viennent de rou-
vrir cette polémique, ont cru très habile de proclamer que « le coup de la nuit historique » ne vise
pas seulement M. Boulanger, mais encore et surtout
les députés de l'Extrême-Gauche qui se réunirent
cette nuit-là chez M. Laguerre et aussi, Dieu me
pardonne ! M. Carnot, le concurrent heureux de
MM. Brisson, Ferry, de Freycinet et Floquet à la
présidence de la République. Cette malice, cousue
de fil blanc, mérite à peine d'être relevée. On n'attend pas que j'excuse la participation d'une douzaine
de députés intransigeants au conciliabule que présidait M. Boulanger chez M. Laguerre ; mais, si les
desseins de ces personnages étaient coupables, ils
n'ont pas eu cependant l'occasion de les mettre à
exécution. Ce n'est donc point comme inculpés, mais
comme simples témoins, qu'ils pourront être appelés
devant la Cour martiale ou devant la commission
des neuf. Tout autre est le cas de M. Boulanger.
En prenant part à la réunion chez M. Laguerre,
les députés, dont on connaît les noms, ne commet-
taient aucun délit, et l'élection de M. Carnot les a
empêchés par la suite de commettre un crime contre
la représentation nationale. — Je répète d'ailleurs que
plusieurs de ces députés, notamment M. Clémen-

ceau, se sont vivement opposés, au cours de la nuit historique, à tout projet de sédition et de révolte. — Mais M. Boulanger, officier sous les armes, commandant du 13e corps, commettait autre chose qu'une simple faute politique en assistant à un pareil conciliabule, en y affirmant que l'armée loyale de Paris était prête à trahir son devoir, et en offrant d'avance son épée à une rébellion.

LES JUSTICIERS

21 avril.

Les sauveurs s'étaient sauvés ; les justiciers ont été jugés. Vous entendez bien qu'il ne s'agit pas seulement du sieur Gilly et de ses associés. Le sieur Gilly est foudrier de son métier ; il n'a été diffamateur que d'occasion. Ce ne sont pas ceux qui payeront l'amende et qui feront les mois de prison, ce sont les diffamateurs de profession qui sont les vrais condamnés. Si les jurés et les juges de Bordeaux (1) croient n'avoir atteint par leur verdict que

(1) La Cour d'assises de Bordeaux venait de condamner M. Gilly à six mois de prison et 10,000 francs d'amende, pour diffamation contre M. Raynal.

les quatre frères Aymon de *Mes Dossiers*, leur modestie les égare : ils ont frappé au cœur la Réaction royaliste et bonapartiste, ils ont frappé la Boulange... je ne saurais dire : *au cœur*, depuis que le général qui devait tout avaler est toujours en fuite et que, par conséquent, on ne le voit plus que de dos... Mais ils l'ont frappé quand même, et le coup a porté !

Je l'ai écrit dès le premier jour, et chaque jour qui s'est écoulé a apporté une preuve nouvelle : Gilly, le tonnelier, n'a joué, dans toute cette affaire, que le rôle de la plaque téléphonique. C'était bien lui qui transmettait le son, les calomnies malpropres, les dénonciations idiotes, les mensonges stupides ; mais ce n'était pas lui qui parlait. Quand Gilly affirme qu'il n'a prononcé la fameuse phrase d'Alais que « pour rigoler », quand il jure devant Dieu et devant les hommes qu'il n'a point lu le journal dont il était le directeur, ni le livre dont il touchait les droits d'auteur, je suis toujours persuadé que Gilly ne ment pas. Il est civilement, socialement, juridiquement responsable parce qu'il est un bipède sans plumes et qu'il est réputé avoir une âme : mais ceux qui sont moralement responsables, ce sont ceux qui parlaient à l'autre bout du fil, les grands seigneurs de Nîmes qui ont été les premiers bailleurs de fonds de l'affaire, — les grands seigneurs de Paris qui ont accueilli la diffamation immonde comme parole d'Évangile, — les journalistes de robe courte qui l'ont répandue, en la commentant et en l'amplifiant, à des millions d'exemplaires, — M. Boulanger qui, se voilant la face devant les turpitudes de la commission du budget, se proclamait lui-même la République honnête, la seule qui ne pourrisse pas en vieillissant, — M. Philippe d'Orléans enfin qui donnait, de sa blanche main, l'ordre de mener toute la campagne électorale sur le thème de la corruption républicaine...

Les vrais coupables, les vrais diffamateurs, les voilà ! ils n'iront pas (du moins de ce coup-ci) fabriquer des chaussons de lisières à Mazas, à Poissy ou à Tarascon : mais ils n'en ont pas moins sur l'épaule, en caractères ineffaçables, la flétrissante marque du verdict de Bordeaux. Les chefs de bande du Moyen Age et de la Renaissance, quand ils étaient lâches, payaient des spadassins pour attendre au coin d'une ruelle l'ennemi qu'ils n'osaient pas combattre en face et pour lui planter un couteau dans la poitrine. Ceux-ci font de même : au lieu du coin d'une ruelle, le coin d'un journal, et une calomnie au lieu d'un couteau, — parce que nous vivons dans un siècle de progrès... Quand on attrapait ces spadassins, on les pendait ; mais le mépris fouettait au visage ceux qui avaient soudoyé ces gibiers de potence, et les souffletés finissaient par envier les pendus !

Le discours d'Alais, les articles de l'*Union des Travailleurs*, les commentaires de Chirac, les inter-

views de Peyron, la réaction et la boulange n'ont
vécu, pendant trois mois, que de ces infamies... Ne
dites pas non, j'ai gardé la collection de vos journaux ; j'ai là, sous la signature de tous vos écrivains,
sans exception, *sans une seule exception*, le recueil
des panégyriques enthousiastes que vous avez con
sacrés à l'honnête travailleur Gilly que M. Andrieux
surnommait « le Justicier », tout en ayant l'air
de lui intenter un procès, un procès qui ne pouvait pas aboutir, qui devait centupler la force as-
cendante de la calomnie et du mensonge !... Vous
teniez une nouvelle affaire Wilson, vous alliez enliser, étouffer la République dans la boue ; tous
les républicains étaient des voleurs et des escrocs : seuls, Baragnon et Vergoin, Bontoux et
Dillon étaient honnêtes... Ne dites pas non, ne
bronchez pas, j'ai les journaux, tous, l'*Autorité*,
l'*Intransigeant*, le *Soleil*, le *Gaulois*, qui, à la
veille du jugement, bavaient encore, faisaient honneur à la droite, qui cependant les avait votées,
d'avoir dénoncé et baptisé *les conventions scélérates*.
« La putréfaction des consciences républicaines,
« voilà ce procès ! »

Et quand le verdict a été rendu, rendu par un jury
où M. Raynal ne comptait ni un ami personnel ni
un ami politique, rendu par ce jury dont M. Paul
de Cassagnac, escomptant un acquittement, avait
proclamé qu'il était *la voix du peuple*, où l'avez-
vous publié ce verdict ? Vous n'avez pas pu, non

point par pudeur, mais parce que cela était maté-
riellement impossible, le subtiliser et le faire éva-
nouir entièrement. Mais vous l'avez relégué, en
caractères minuscules, dans un coin perdu de votre
troisième page, entre une annonce et un fait-divers ;
vous avez fait cela, alors que, depuis des mois et
des mois, les ignominies et les vilenies de toutes
sortes, commentées et répétées, s'étalaient en lettres
d'affiches à vos premières pages, encombraient vos
colonnes, débordaient. Et vous ne vous êtes même
pas douté que ce que vous faisiez là n'était pas
seulement très bas et très honteux — plus honteux
et plus bas encore, si possible, que la confection
même de la calomnie, mais que c'était l'aveu même
de votre complicité !

Républicains, mes amis, vous avez été braves et
fermes devant la diffamation et l'outrage, confiants
dans votre bon droit et dans le bon sens vengeur !
Il s'agit aujourd'hui, pour vous, pour nous, de ne
pas perdre le fruit de la victoire. L'injure et la calomnie ont été partout ; il faut que le verdict répa-
rateur aille, lui aussi, partout. Les dommages et
intérêts qui ont été infligés aux calomniateurs, em-
ployez-les à afficher, sur tous les murs de France,
le verdict qui a frappé la bande. La bande est sol-
vable, je m'en suis assuré, et, puisque la presse
à sa dévotion vous dénie la réparation qui vous est
due, puisque votre droit est certain, puisqu'il importe au salut de la République elle-même que la

lumière se fasse jusque dans la dernière bourgade,
en avant les affiches, et que les murailles se
changent en piloris !

PARLONS D'AUTRE CHOSE !

27 avril 1880.

Michelet, ayant achevé l'*Histoire de la Révolution*,
abordant celle du dix-neuvième siècle avec le crime
de Brumaire, s'écriait : « Adieu science, idées, na-
« tion, adieu patrie!... Tout cela est ajourné. Je
« vais m'occuper d'un homme! »

Je demande à faire la proposition contraire : si
nous ajournions l'homme ? si nous recommencions
à nous occuper des idées ?

Quand il s'est agi de dénoncer à la démocratie
aveuglée et affolée le mauvais soldat et le mauvais
citoyen qui lui avait été présenté comme un autre
Hoche ; quand il s'est agi d'arracher son masque au
démagogue empanaché dont le commandement avait
été infligé à l'armée loyale qui n'avait point mérité
cette humiliation; quand il s'est agi de promener la
lumière dans les coins et recoins de la conspiration

qu'il avait ourdie, avec le rebut de tous les partis,
contre la liberté et contre la République, je n'ai pas
été des derniers, je crois, à m'occuper de cet
homme. Toucher à cette gloire immaculée, à cette
popularité radieuse, était un sacrilège ; je suis des
récidivistes qui ont commis le plus souvent le crime
de lèse-majesté et qui ne s'en repentent pas. Mais,
aujourd'hui, où est le sacrilège ? Je ne vois plus que
de la réclame à lui faire. Où serait le mal si nous
lui en faisions un peu moins ?

Il fut un temps — il n'y a pas très longtemps —
où le silence sur les actes de cet homme était de la
complicité ; la publicité prolongée le deviendrait à
son tour. Je connais le Géraudel : il lui est absolument indifférent d'être pris en flagrant délit de
mensonge ou de poltronnerie, d'être cloué au pilori,
d'être traité de Mandrin et de Catilina par les républicains, de Trou, de Lit et de Catapulte par les
royalistes ; du moment que l'on parle de lui, tout
va ! Quand les petits ramoneurs cessèrent de se retourner sur son passage, Mme Récamier comprit
que c'était fini de sa beauté. Quand les journaux
cesseront de consacrer, matin et soir, cinq colonnes
aux faits et gestes de ce personnage, il comprendra,
lui aussi, que les lauriers sont coupés et qu'il n'ira
plus au bois.

On entend bien que je ne propose pas de bannir
des cases typographiques l'assemblage des neuf
lettres qui composent son nom. Depuis la chute du

ministère radical, depuis l'avènement d'un gouvernement qui a réveillé les Lois, sans doute la peste
césarienne a cessé de s'étendre ; mais elle dure
encore et, par conséquent, il faudra encore, pendant
plus d'un jour, la dénoncer et la combattre. Quand
l'hospitalière Belgique trouve intolérable, au bout
de vingt jours, le tapage nocturne et diurne que
nous avons supporté pendant plus de deux ans,
quand elle prie le soupeur de l'hôtel Mengelh et sa
suite d'aller banqueter, manifester, comploter, diffamer, donner l'exemple des vertus de famille et
se faire pendre ailleurs, un commentaire, évidemment, n'est pas inutile et sera même instructif. Il
est bon de faire observer également l'accueil que
lui réservait la vieille Angleterre : ayant fait fête à
Garibaldi et à Mazzini, qui conspiraient pour leur
pays et pour la liberté, la cité de Londres reçoit
avec un dédain marqué celui-ci, qui conspire pour
lui seul et contre la liberté ; le bateau-réclame où
ce cabotin se fait photographier, l'œillet à la bou-
tonnière, au milieu de sa cour des Miracles, paraît
à la presse britannique le dernier mot du *humbug* ;
à cet agitateur qui fuit la police de la Belgique après
avoir fui les justes lois de son pays, le Foreign-
Office, en guise de salut, rappelle d'abord que le
Royaume-Uni a, lui aussi, des lois et une police
et que, s'il compte sur l'impunité pour continuer
son honnête métier sur la terre anglaise, il pourrait
bien compter sans son hôte, sans le constable qui

le prierait tout de suite d'aller mirer sa barbe blonde dans l'eau du Mançanarès...

Mais, ceci dit parce que cela était utile à dire, est-il indispensable d'élucider comme un grave problème historique la question de savoir si l'ami des duchesses et de M. Vergoin, passant d'Ostende à Douvres, a eu le mal de mer ou si le carreau du navire n'a point connu les effusions de son cœur? Les feuilles qui affirment que les vagues du détroit l'ont trouvé plus solide au poste que ne l'avait trouvé M. Bérardi, ce sont les mêmes qui juraient sur l'honneur qu'il n'avait jamais écrit au duc d'Aumale, jamais trempé dans la combinaison plébiscitaire de M. Thiébaud, et qu'il se rendait en Angleterre de son plein gré, pour un petit voyage de plaisir, avec le dessein arrêté de revenir sous quinzaine à l'hôtel de l'avenue Louise où, naturellement, le déménagement définitif était déjà commencé ; donc il est certain que M. Turquet, qui veillait aux barrières du Louvre, ne l'a point défendu de la nausée. Mais qu'est-ce que cela peut bien nous faire? S'est-on jamais préoccupé de savoir si M. Thiers, M. Guizot ou M. Victor Hugo, quand ils passaient le détroit, avaient ou non le mal de mer? Pourquoi cela deviendrait-il intéressant quand il s'agit de *lui?*

Je propose donc résolument que nous cessions de nous occuper de ces belles histoires. Qu'il dîne à l'hôtel Bristol « centre très fashionable, dit le Gau-

lois, où les gentlemen sont en frac et les femmes
décolletées », ou qu'il prenne la succession de Buffalo-Bill's ou de telle curiosité des Folies-Bergère à
la table d'une *professionnal beauty* ou d'un bas-bleu
d'outre-Manche, qu'il monte à cheval à la Tour de
Londres ou qu'il se promène à pied à Hyde-Park,
cela n'intéresse que lui, cela nous est parfaitement
égal, et cela ennuie prodigieusement le public. Arrê-
tons les frais de la réclame. Par crainte des gendarmes, il s'est condamné lui-même à l'éloignement
dont le premier corollaire s'appelle l'oubli : puisque
la Haute Cour ne l'aura qu'en effigie, ayons au
moins les bénéfices de son exil! Quand il éternuera,
dites-lui : « Dieu vous bénisse! » mais ne racontons
plus qu'il s'est mouché.

Je sais bien que M. Émile Ollivier a déclaré à un
rédacteur du *Figaro* que l'exil avait encore grandi
notre contumax et qu'il en avait fait « le représentant de la justice, du droit et de la liberté du suffrage
universel ». L'homme au cœur léger se reconnaît
encore le droit de donner des leçons au parti républicain qu'il a trahi et au pays qu'il a précipité dans
la guerre allemande!... Mais M. Ollivier, jusqu'à
nouvel ordre, paraît seul de son avis. Je doute que
cette série de petits déplacements, aussi obligatoires
que gratuits, soit considérée par le héros lui-même
comme un pas en avant vers la présidence rêvée de
la République. Je ne crois pas que l'estimable fonc-
tionnaire qui a souscrit au « général » un chèque

de deux mille francs, remboursable à l'avènement
du destinataire à l'Élysée, soit, depuis un mois,
sans inquiétude sur sa monnaie. Je vois surtout que
la discorde règne en souveraine maîtresse au camp
d'Agramant. M. de Cassagnac traite les membres
du comité dit national de « renégats, d'apostats, de
« bohèmes, de farceurs et de valets dépenaillés » ;
il veut bien se servir du « général » comme d'un bélier pour renverser la République, il ne veut pas
frayer avec son entourage. Riposte de MM. Laguerre et Laporte, sur un ton doux, car MM. Laporte et Laguerre sont diplomates et préfèrent ne
rien casser; riposte énergique et virulente du Clairon. Enfin le moment paraît opportun à M. de
Grandlieu pour adresser à M. Bocher, premier ministre du roi Philippe *in partibus infidelium*, une
sommation énergique, une protestation éloquente
contre le jeu déshonorant de dupe que joue M. le
comte de Paris en se mettant à la remorque du
Cheval noir. Ces conflits, ces querelles, cette zizanie, cet aimable échange d'injures, s'*il* était là, lui,
le grand syndic, il eût tout apaisé d'un sourire, d'un
déjeuner. Mais il n'est plus là, il faut maintenant
passer la mer pour aller le contempler et recueillir
les paroles de paix sur ses lèvres augustes : l'absence est toujours le plus grand des maux...

Donc, encore une fois, sachons en tirer parti :
les coalisés sont aux prises, qu'il nous suffise de
marquer les coups; le chef est en fuite, qu'il nous

suffise de savoir que la commission de la Haute
Cour poursuit son œuvre avec une fermeté patiente
que rien n'arrêtera. Continuer à s'inquiéter des
allées et venues de l'accusé, de ses dîners, de ses
soupers, de ses propos de table, de ses indigestions,
de ses impertinences et de ses nausées, c'est entretenir l'écho de son nom dans les oreilles, c'est ali-
menter sa réclame, c'est faire son jeu. Que le silence se fasse sur lui jusqu'au jour du jugement!
Nous avons assez parlé de Prado, assez parlé de
Pranzini : ajournons les malfaiteurs! Patrie, nation,
idées, science, il est temps de revenir à vous!

IV

CAUSES

ET

FORMULES DE MÉCONTENTEMENT

15 avril.

Il y a deux choses dans le boulangisme : des causes et une formule de mécontentement.

Quel que soit le régime ou la constitution, quels que soient les gouvernants, vous n'imaginerez pas davantage une société ou un État, fût-ce la République de Salente, sans causes de mécontentement parmi les gouvernés, qu'un été sans orages ou qu'une vie humaine sans maladies et sans chagrins.

Les causes de mécontentement sont profondes ou superficielles, justes ou injustes : elles peuvent être très profondes et très justes sans trouver pour cela une formule qui les exprime, les incarne, et en rende la revendication menaçante; elles peuvent, au contraire, être injustes et superficielles, mais rencontrer très vite, servies par le hasard, une formule retentissante pour les traduire et pour frapper le pouvoir établi.

M. Boulanger est un mauvais soldat, un mauvais citoyen, un mauvais homme; mais M. Boulanger est une formule de mécontentement.

Comment, pourquoi, les causes de mécontentement répandues à travers un pays, ont-elles besoin du nom d'un homme pour les exprimer? Le phénomène, dans l'ordre politique et social, me paraît identique à celui de la cristallisation dans le domaine de la chimie. Un corps ne peut passer de l'état liquide ou gazeux à l'état solide sans se condenser en cristal; des causes éparses de mécontentement ne peuvent se manifester sans se condenser, par une même opération également intime et moléculaire, en un nom. La différence, c'est que le sel, par exemple, qui se cristallise, est toujours assujetti à prendre la même forme polyédrique, tandis que les mécontentements qui se formulent, prennent tantôt le nom d'un homme de génie et tantôt celui d'un coquin ou d'un charlatan.

On sait quelle est la formule d'aujourd'hui : par un bonheur, que nous n'avons pas tous mérité, c'est le nom d'un aventurier du dernier ordre. Je dis bien *par bonheur* et je m'explique.

Supposez les causes de mécontentement que les fautes des assemblées et des cabinets ont accumulées comme à plaisir, depuis quelques années, supposez ces causes ayant eu la chance de s'incarner, de se résumer dans un nom qui, au lieu d'inspirer le mépris aux honnêtes gens, eût pu, sans doute, inspirer la haine et la crainte aux républicains qui placent la liberté au-dessus de tout et savent où mène le pouvoir personnel même d'un homme de génie, mais un nom qui cependant eût forcé l'estime : où serait la République et où seraient les chances de la bataille?

Je ne ferai pas à la mémoire de Chanzy l'injure d'imaginer qu'un tel rôle eût pu le tenter jamais, que les lauriers de Décembre et de Brumaire eussent pu jamais l'empêcher de dormir. Mais vous avez lu la correspondance de l'amiral Courbet, vous connaissez peut-être les confidences qu'il avait faites à quelques amis et les desseins qui se formaient déjà à son profit?

C'était un homme, celui-là, un soldat qui avait remporté des victoires ailleurs qu'à l'avenue Lowendahl; ce marin avait, à la différence de M. Boulanger, gagné des batailles même sur terre : le voyez-vous revenant de l'Extrême-Orient, avec de la vraie gloire, avec un vrai prestige, avec de vrais titres à la confiance, recueillant à bon droit les ovations de la fameuse revue du 14 juillet 1886 que

l'autre, sur son cheval noir, eut seulement la malice
d'intercepter, ayant le droit de parler avec fierté de
son épée, s'entourant de lieutenants qui avaient vu
la mort à ses côtés et qui n'étaient point le rebut de
tous les partis ? Le voyez-vous avec la gloire en plus
et Vergoin et Rochefort et tant de mensonges et
tant d'ignominies en moins ? Où en serions-nous ?
Inquiète, lasse et découragée, atteinte toujours,
malgré tant de cruelles leçons, du virus césarien,
la France eût pu se donner à un Courbet : c'eût été
une lourde faute, un coupable recul, un malheur ;
elle n'eût sacrifié cependant que sa liberté au vainqueur de Fou-Tchéou. Mais si le succès final, définitif, pouvait rester au courtisan du duc d'Aumale,
à l'ami de M. Laguerre, la France sacrifierait l'honneur même ; et voilà pourquoi, aux heures des pires
défaites électorales, des plus profondes déchéances,
des plus honteux affolements, nous avons été quelques-uns qui n'ont jamais fait au peuple français cet
outrage de penser qu'il mènerait jusqu'au bout, jusqu'à la mairie et jusqu'à l'église, cette aventure de
café-concert.

Dans la guerre qui est engagée entre la République et M. Boulanger, guerre qui a commencé
par des désastres, mais où l'heure des revanches est
proche, la bassesse, la vilenie du chef que nous
avons devant nous est donc pour la République,
pour les amis de la liberté, une chance considérable,
entre quelques autres, de salut. Non, cette folle

nuit d'orgie avec une fille de carrefour ne finira pas, ne peut pas finir en légitime mariage!

Mais précisément parce que l'homme en qui ont pu se cristalliser tant de mécontentements, tant de déceptions et tant d'espérances est le dernier des hommes, ce que l'on a appelé le boulangisme est un phénomène d'autant plus grave et d'autant plus digne d'être médité. Sans doute il faut commencer par aller au plus pressé qui est de se débarrasser de la formule ; il faut appliquer dans toute sa rigueur, à la bande de conspirateurs qui escorte et pousse ce boucanier, les justes lois de la République; il faut que le crime d'avoir rêvé l'asservissement de la patrie, à son profit personnel ou à celui de l'un des prétendants exilés, soit châtié sans pitié ni miséricorde.

Mais quand la formule aura été frappée, quand elle aura été supprimée, quand la Haute Cour de justice aura parlé, est-ce que tout sera fini ?

Non, les causes mêmes du mécontentement, de ce mécontentement décapité, subsisteront, et c'est d'elles qu'il faudra s'occuper alors, sans retard et sans relâche, si vous ne voulez pas courir le risque qu'une nouvelle tête leur repousse ; une tête qui ne serait pas ce masque grimaçant à barbe blonde.

Quelles sont ces causes ? Cette démocratie s'était donnée à la République avec la plus entière confiance : comment se fait-il qu'au bout de si peu d'années, dans toutes les catégories de citoyens, parmi les

anciennes classes dirigeantes comme parmi les nouvelles couches sociales, parmi les républicains de la
veille et du lendemain comme parmi les fidèles
des anciens partis, parmi les fonctionnaires comme
parmi les administrés, il soit impossible de jeter
la sonde sans ramener des griefs, des récriminations, des déceptions et des plaintes ? C'est, dit-on,
le radicalisme intransigeant qui a fait tout ce mal ;
c'est lui, qui, déshonorant et détruisant l'un après
l'autre les meilleurs républicains, a semé partout la
défiance et le soupçon ; il a pratiqué la coalition à
jet continu avec les partis de monarchie pour renverser l'un après l'autre tous les cabinets et pour
faire de la crise l'état normal de notre parlement ;
dans l'opposition, il a courtisé la plus basse démagogie, promettant la lune et toutes les constellations ;
aux affaires, il a désorganisé l'administration, relâ-
ché les liens du pouvoir, abaissé, démantelé la Constitution et les lois ; c'est lui-même, enfin, qui, de ses
propres mains, a fabriqué M. le général Boulanger
et qui, par crainte d'une impopularité passagère, a
refusé de briser l'idole alors qu'un simple coup de
marteau eût suffi. Tout cela est vrai, mais cela n'est
pas la vérité tout entière. La vérité même, c'est que
le parti républicain a bien su faire la République
et même lui donner des lois dont quelques-unes
seulement sont défectueuses, mais qu'il n'a pas su
encore faire de la République un gouvernement.

Si le parti républicain, qui a su conquérir la Ré-

publique et fonder la liberté, n'a pas su faire encore
de la République un gouvernement pouvant vivre
avec la liberté, il faut le lui reprocher, mais il ne faut
pas s'en étonner. Le parti républicain, en effet,
n'avait été, pendant près d'un siècle, qu'un parti
d'opposition ; où aurait-il acquis la notion de l'État?
En 93, puis en 1848, il n'avait été au pouvoir que
pendant quelques jours, et dans quelles circonstances! Quand le pouvoir lui échut, après la défaite
du Seize-Mai, dans des conditions à peu près nor-
males, il se trouva donc aussi ignorant des conditions mêmes d'un gouvernement que peut l'être un
Cafre des principes de la philosophie kantienne. Il
avait été habitué à faire consister toute la politique
dans la législation : il entassa les lois sur les lois; il
légiférait, légiférait, légiférait : des lois, encore des
lois, et toujours des lois! Appliquer les lois, les
acclimater, les faire digérer, qu'il s'occupe, lui,
d'une si misérable besogne! Le peuple, celui des
réunions électorales, demande des réformes : en
voilà et en voilà encore, des réformes à bouche que
veux-tu. La nuit du 4 août où l'Assemblée constituante fit table rase du passé, la Convention qui faisait des lois à la minute, quitte à les rapporter une
heure après, ont toujours hanté la cervelle des républicains, comme les plus magnifiques des souvenirs
et des exemples. On eût dit parfois que la République était campée en France comme les Turcs en
Europe et qu'elle ne se croyait pas à elle-même de

lendemain. Certains poitrinaires sont ainsi, qui, se sentant condamnés à une mort prompte, mettent les bouchées doubles et croient jouir de la vie en accumulant les plaisirs. Ce n'est pas autrement qu'un trop grand nombre de républicains ont gouverné, si cela peut s'appeler gouverner. Comme ils avaient été accoutumés en outre à considérer comme des instruments de tyrannie des institutions qui ne sont que les rouages élémentaires de tout gouvernement, rouages essentiels et indispensables, ils désarmèrent de leurs propres mains le pouvoir qu'ils avaient conquis et le démantibulèrent eux-mêmes. Pléthore de réformes, anémie de pouvoir : il eût fallu être un peuple de saints pour que le champignon césarien ne reparût pas sur un sol ainsi bouleversé...

Citerai-je des exemples, l'application mathématique, c'est-à-dire politiquement absurde et injuste, des lois de laïcisation, qui a déchaîné la tempête des rancunes cléricales et blessé tant de consciences éprises de tolérances et d'équité ? — la liberté illimitée de la presse, succédant brusquement à un régime de compression, qui a livré sans défense les personnes aux attaques de la calomnie et la République elle-même aux pires outrages ? — la manie du nivellement égalitaire qui a inquiété et froissé les esprits soucieux du lustre intellectuel de leur pays, sans contenter les autres... Dirai-je tant d'entreprises mal mûries, hâtives, inconsidérées, inopportunes, l'autonomie municipale édictée sans garanties pour le pouvoir central, la politique coloniale engagée sans armée coloniale, les grands travaux publics commencés à la fois sur tous les points du territoire, sans ressources préalablement assurées ? Dirai-je tant de mesures, bonnes et excellentes en elles-mêmes, mais qui, au détriment des principes mêmes qui venaient de triompher, ont été appliquées au rebours du sens commun, parce que le parti républicain, avec une hâte et une fièvre de parvenu, comptait sans le temps qui était cependant à lui ? Dirai-je... Mais est-ce que l'immense majorité des républicains n'a pas déjà tiré cette grande moralité de l'aventure boulangiste que les belles lois, les belles réformes et les beaux programmes encyclopédiques, c'était sans doute très bien, mais que tout cela, et la République elle-même, serait condamné à brève échéance si la démocratie ne commandait pas enfin à son gouvernement d'être un gouvernement, et non plus le gouvernement d'un parti, mais celui du pays tout entier, car un parti vainqueur, qui ne sait pas se confondre avec le pays tout entier, prépare lui-même son écrasement et sa chute ?

L'anarchie, c'est-à-dire littéralement l'absence de gouvernement, il n'y a pas eu d'autre mal, d'autre cause de désaffection de la République. Si les masses électorales, les révolutionnaires et les socialistes pêle-mêle avec les bonapartistes et les cléricaux, se sont rués sous les pieds du cheval noir de M. Boulanger, c'est que ce cavalier de cirque leur promet un pouvoir fort.

Nous aurons beau, dès lors, supprimer le Boulanger d'aujourd'hui, si vous ne savez pas constituer un gouvernement, vous mériterez et vous aurez bientôt, ô Athéniens! un autre Philippe!

V

PENDANT L'INSTRUCTION

LA HAUTE COUR

30 avril.

Elle poursuit son œuvre, selon la formule, lentement et sûrement. Elle a bien raison. Sans doute, la grande tribu des Avale-Tout-Cru proteste : « Voilà vingt jours que vous êtes constitués et vous « interrogez encore, vous n'avez pas encore conclu, « condamné, jugé, fusillé ! » — Notez que la tribu est composée surtout des foudres de guerre qui, sous le ministère Floquet (*requiescat in pace !*), estimaient que, pour combattre M. Boulanger et pour le réduire en poussière, il suffisait d'un froncement de sourcil du président du conseil, d'un quarteron de métaphores révolutionnaires et d'un projet de revision constitutionnelle. — Plus les responsabilités du pouvoir s'éloignent d'eux, plus les Avale-

Tout-Cru deviennent pressés, batailleurs et hé-
roïques. Laissons-les rouler leurs tonnerres. Leur
impatience, après tant et trop de patience, est une
preuve de plus que la commission des Neuf a bien
compris sa mission. L'équité, le bon sens, la raison
politique, lui commandent de poursuivre son en-
quête avec méthode et sang-froid, sans précipitation.
La façon de donner vaut mieux, souvent, que ce
qu'on donne ; il en est de même de la façon de juger
qui n'aura pas d'ailleurs grand'peine, dans l'espèce,
à valoir mieux que ceux qu'on juge. M. Merlin
n'est pas le révérend Lynch, et la Haute Cour n'est
pas une commission mixte. Un procès bâclé en
vingt-quatre heures eût été présenté au pays comme
un coup de politique : c'est une satisfaction qui sera
refusée au prétendant de l'hôtel Bristol. Son cas
sera instruit selon toutes les règles, et quand son
dossier, qui est déjà agréable, sera complet, il ne
dépendra que de lui de faire cesser la contumace.
Il se trouvera bien encore une compagnie anglaise
pour lui offrir un passage gratuit de Londres à Calais : à partir de Calais, ce sera l'affaire de deux
gendarmes.

La procédure prudente de la commission des Neuf
a eu le malheur de déplaire aux gens pressés ; sa
discrétion, dont il convient également de la louer,
n'a pas moins irrité le peuple des nouvellistes. On a
pris l'habitude, depuis quelques années, de faire la
politique sur le boulevard ; nos hommes d'État ont

à peine adopté une résolution que tous les *reporters* et *interviewers* en sont aussitôt avisés, et que télégraphes et téléphones entrent en danse. Les Neuf suivent un autre système : leurs portes sont fermées aux plus insinuants des Chincholle, et tous ont pris l'engagement de se mettre, comme dit M. Leconte de Lisle, un bœuf sur la langue. La plupart des témoins ont eu le bon goût d'observer la même réserve ; partant, les informateurs n'ont pour vivre que les frais de leur imagination. Comme ils ne savent rien, ils jurent que la commission n'a rien. La commission rit sous cape et continue. On ne l'imagine occupée que de la nuit historique. Sans doute, la nuit historique a son importance. Mais il y eu aussi des journées historiques et, pendant ces journées-là, on ne s'est pas contenté de parler ; on a commis la sottise d'écrire.

Que les républicains aient donc confiance. On a souvent observé que pour le Parisien, bipède casanier, il y avait plus loin de son domicile à la gare de Lyon, que de la gare de Lyon à Constantinople ou à Moscou. Du crime à la poursuite, le chemin aura été pareillement plus long, quelles que soient les sages lenteurs de la commission, que de la poursuite au verdict. Mais nous tenons l'attentat et l'attentat, lui, n'échappera pas à ses juges. Il sera jugé et bien jugé. Sans doute, M. Boulanger déclare aux journalistes d'outre-Manche qu'il se moque du verdict de la Haute Cour comme de son premier ser-

ment de fidélité au duc d'Aumale, et que le vote de
76 départements le conduira, avant la fin de
l'année, à l'Élysée. C'est entendu : il était entendu également que M. Boulanger devait ouvrir
l'Exposition universelle et les fêtes du Centenaire.
Toutes les affirmations du personnage se valent ; il
a suffi qu'il passât quinze jours à Bruxelles, pour
que toute la Belgique sût à quoi s'en tenir ; les rares
Anglais qui ne sont pas encore édifiés le seront
avant que le coq ait chanté trois fois. La justice
fera son œuvre et M. Boulanger ne couchera pas
encore à l'Élysée le 1ᵉʳ janvier prochain après avoir
été porté en triomphe par 76 départements.

Si les renseignements qui viennent de toutes
parts sont exacts, la montre de M. Boulanger re-
tarde de trois grands mois. Le suffrage universel
désorienté, affolé, cherchant en vain dans la nuit
quelque chose qui ressemblât à un gouvernement,
a pu mettre dans l'urne le nom de cet aventurier tant
que les lois sommeillaient, tant que l'anarchie ré-
gnait, tant que les pires défis et les plus audacieuses
tentatives étaient assurés de l'impunité. Nous n'en
sommes plus là, le suffrage universel lui-même n'en
est plus là. La nature humaine est ainsi faite, mon
pauvre Naquet ! il faut vous y résigner. Il y a des
hommes qui ont su braver Sylla quand ils n'étaient
plus que cent, et ceux qui ont été élevés à leur
école auraient su recommencer. Mais la plupart des
hommes éprouvent naturellement le besoin de voler

au secours de la victoire... Et la victoire ne se caractérise pas habituellement par la fuite!

« ÉCOUTEZ-MOI DONC ! »

3 mai.

Il y a beaucoup d'indices que la situation politique, si gravement compromise depuis dix-huit mois, s'améliore de jour en jour; il n'en est pas de meilleur ni de plus sûr que celui-ci: le pays, dans son immense majorité, demande que les politiciens lui donnent la paix, le laissent travailler en repos, et, pourquoi ne pas le dire? s'amuser en pleine liberté d'esprit jusqu'aux élections, pendant toute la durée de l'Exposition et des fêtes du Centenaire.

Les agitateurs ordinaires de la faction césarienne s'acharnent, comme par le passé, à poursuivre la République d'outrages et de calomnies, à provoquer à la rébellion contre les lois : qui s'en soucie? Les meneurs habituels des partis de monarchie multiplient les réunions et les manifestations : qui détourne la téte? Je vais plus loin : la polémique qui s'est engagée depuis huit jours entre l'*Estafette* et la *Justice* est évidemment remarquable — j'entends au point de vue de l'art pour l'art, le dernier, d'ailleurs, où un politique puisse se placer ; — le rédacteur anonyme de l'*Estafette* met en pièces avec beaucoup d'esprit l'intransigeance de M. Clémenceau ; le rédacteur en chef de la *Justice* s'escrime contre M. Ferry avec une vigueur et une verve dont on trouverait aisément ailleurs un emploi utile : il n'y a qu'un cri cependant pour proclamer que cette brillante prise d'armes est en retard ou en avance de six grands mois.

Et bien mal avisé qui s'en plaindrait ! Oui, ce pays est saturé de politique, il est harassé de polémique, il en a des querelles et des disputes des partis par-dessus la tête. On s'étonne, dans nombre de journaux étrangers, que le départ de M. Boulanger et que son procès aient causé si peu d'émotion, qu'un dédaigneux « Bon voyage, monsieur Dumollet ! » ait été le seul adieu des trois quarts des citoyens français à ce grand homme, que les poursuites engagées devant la Haute Cour tiennent moins de place dans les neuf dixièmes des conversations que la première affaire venue d'assassinat ou de viol ; on prévoit qu'un immense « Ouf ! » de satisfaction sortira de toutes les poitrines quand le verdict de la Haute Cour aura frappé le contumax de Londres ; comment, pourquoi cette indifférence ?... Hé ! tout simplement parce que l'on en a assez ; que nous avons tous, les uns et les autres, une indigestion de politique *pure;* parce que nous sommes las, fatigués, écœurés; parce que, enfin, si tant de gens « veulent autre chose », comme le disait M. Ferry dans son discours à l'Association républicaine, ils sont surtout *autrechosistes* de repos, de tranquillité et de paix.

Les plus académiques de mes lecteurs connaissent peut-être une chanson adorable et stupide qui a fait, pendant de longs mois, les délices du *pavillon de l'Horloge* et de l'*Alcazar.* Il s'agit d'une jeune personne qu'un monsieur entreprenant persécute de propositions intéressées :

> Mad'moiselle, écoutez-moi donc :
> J'voudrais vous offrir un verre de madère !
> Mad'moiselle, écoutez-moi donc :
> J'voudrais vous offrir un amer Picon !

La demoiselle répond :

> Non, monsieur, je n'vous écout' pas :
> Je n'bois pas d'tout ça ; je n'bois que d' l'eau claire
> Non, monsieur, je n' vous écout' pas ;
> Je rentre chez moi : j'demeure à deux pas !

Et, quand la rengaine a continué ainsi pendant une vingtaine de couplets :

> Mad'moiselle ! écoutez-moi donc !
> Laissez-moi presser votre taill' de guêpe,
> Mad'moiselle ! écoutez-moi donc !
>   *(Gifle à l'orchestre.)*
> Sacrédié ! madam', j' vous d'mand' bien pardon !

Or, voilà précisément notre situation à la veille des fêtes du Centenaire, et, si vous voulez traduire exactement, mathématiquement, photographiquement, l'état de l'opinion publique, harcelée et poursuivie par les politiciens de profession, vous n'avez pas quatre mots à changer à la chanson de Jules Jouy :

> Mad'moiselle ! écoutez-moi donc !
> J' veux vous parler de la Revision !
> — Non, monsieur, je ne vous écoute pas,
> J' vais à la tour Eiffel de ce pas !
>
> Mad'moiselle, écoutez-moi donc !
> J'veux vous parler d'Concentration !
> — Non, monsieur, je n'vous écoute pas,
> J'vais à l'Exposition de ce pas !

Et elle a raison de ne pas vous écouter, cent mille fois raison de vouloir aller à la tour Eiffel !

Gifle à l'orchestre, dit le dernier couplet. Hé ! oui, *gifle à l'orchestre*, c'est encore très bien, et puisque la Chambre rentre en session sous peu de jours, je pousserai l'audace jusqu'à recommander ce trémolo à l'attention éclairée de MM. les députés boulangistes, royalistes, bonapartistes et autres fauteurs incurables de crises et d'agitation. Ils savent l'affection que je leur porte : ils reconnaîtront dès lors combien mon conseil est désintéressé : Laissez-nous aller à la tour Eiffel !

LE CENTENAIRE

6 mai.

Après avoir bien secoué le baromètre pour qu'il se décidât à baisser, ils s'étaient couchés samedi soir en marmottant : « Seigneur, Seigneur mon Dieu, toi qui nous donnes notre boulange quotidienne, assemble tes nuages et fais qu'il pleuve demain à torrents, qu'il pleuve des curés, comme on dit à Bruxelles où IL n'a fait que passer, qu'il pleuve des chiens et des chats, comme on dit en Angleterre où IL respire, qu'il pleuve comme il n'aura jamais tant plu depuis le déluge sur leur fête du Centenaire, et que tous ces coquins de républicains, tous ces brigands de patriotes qui s'apprêtent à célébrer la date à jamais maudite où la France conquit et fonda la liberté, qu'ils soient tous trempés comme des soupes ! Seigneur, crevez les outres du ciel ! » Et ils s'endormirent en paix, la conscience tranquille.

Et hier matin, au saut du lit (ce qui n'était pas un très beau spectacle), ils coururent à la fenêtre. O joie ! le ciel était gris, le vent soufflait de l'ouest et les nuages montaient aux quatre coins de l'horizon. Et quand les premières gouttes tombèrent, larges et chaudes, Vergoin frétilla et Paul de Cassagnac dansa la bamboula devant l'arche que portait Naquet.

Donc, la boulange tout entière chantait l'hymne de Pindare : *Udôr, udôr, ariston !* « L'eau, l'eau est chose excellente ! » et Paul de Cassagnac déclamait, je cite textuellement : « Oh ! les pitres, « oh ! les saltimbanques, oh ! les paillasses que ces « républicains, *depuis le président de la République* « jusqu'aux sénateurs et députés, et en passant par « les ministres ! Aujourd'hui dimanche, ils vont « célébrer la grande foire du Centenaire à Ver- « sailles, sorte de prolongement de la foire de « Neuilly, de la foire de Saint-Cloud et de la foire « au pain d'épice. » — Puis (mais pour qui prend-il donc les lecteurs de l'*Autorité ?*) : « Toutes les « libertés, ces républicains nous les ont prises !... » Quoi ! même la liberté de la calomnie et de l'ou- trage… Et comme il a été le plus enragé des ma- meloucks du second Empire, comme il a voté *Oui* au plébiscite, comme il a applaudi à la guerre que la folle Espagnole appelait *sa guerre*, au crime inex- piable qui vous a livrés et trahis, toi, Metz la Pu- celle, patrie de Fabert, toi, Strasbourg, patrie de Kléber, où naquit la *Marseillaise*, il avait évidem- ment le droit d'ajouter : « Cette dictature de la « Révolution, que l'on fête réellement, véritable-

« ment, sous une dérision suprême et infâme de la
« liberté, il était naturel qu'on la fêtât dans une en-
« ceinte devenue lugubre, dans cette « galerie des
« Glaces » où l'aigle noir à deux têtes, ou plutôt le
« vautour allemand prit son essor durant nos mal-
« heurs ; dans cette enceinte désormais maudite
« où Guillaume, prenant à Charlemagne la vieille
« couronne impériale et insultant à la patrie fran-
« çaise, se fit proclamer empereur d'Allemagne !
« C'était bien la salle qu'il leur fallait, à ces bate-
« leurs en habit noir, à ces Bobèches de la politique,
« à ces Galimafrés du patriotisme, et pour leur
« cérémonie grotesque et sacrilège cette salle dont
« l'air est encore empesté des bottes prussiennes, et
« quoique depuis trente années bientôt les fenêtres
« en soient ouvertes, cette salle dont chaque écho
« rend encore un sanglot de la patrie mutilée !
« Aussi personne n'y sera, personne parmi ceux qui
« s'honorent et se respectent. »

Je fais une double hypothèse: je suppose que
M. Victor Bonaparte, le Bonaparte qui n'est pas au
coin du quai, réussisse une nuit ou l'autre dans son
entreprise, qu'il mette la main sur la France,
comme firent ses oncles, avec M. Paul de Cassagnac comme premier ministre et garde des sceaux;
je suppose, chose encore plus invraisemblable, que,
me résignant à réduire la polémique à l'outrage et
à l'injure, je traite alors l'empereur de M. de Cassagnac et M. le garde des sceaux lui-même de

paillasses, de *saltimbanques,* de *bateleurs* et de *Gali-
r afrés :* que ferait M. de Cassagnac ? que feraient
ses procureurs impériaux et ses gendarmes ? que
feraient ses parquets ?...

.... Et les gouttes de pluie tombaient toujours et de
toutes les âmes pieuses montaient des actions de
grâces vers le Très-Haut, comme hier encore vers
M. Jaluzot quand il répandait sa manne sur la
presse boulangiste.

Mais les desseins du Dieu rémunérateur et vengeur sont impénétrables. Or, comme aux temps anciens de David et de Salomon, le Seigneur avait
dit: « *Ridebo et susannabo !* Je rirai et je rica-
nerai ! » Et comme ils se réjouissaient de voir la
pluie tomber à flots sur les mauvais citoyens qui
pavoisaient leurs maisons et se rendaient en foule
compacte au saint pèlerinage de Versailles, sur la
fête des ancêtres qui de leur sang avaient fait la
patrie et la liberté, tout à coup le vent tomba, le
ciel devint clair et bleu et le soleil éclata, le glorieux soleil de Floréal qui avait illuminé, il y a
cent ans, le serment sacré des États généraux !
Non, jamais saint Janvier, quand il se refuse aux
vœux des Napolitaines, jamais Jaluzot quand il retire le carnet de chèques, n'ont été plus maltraités
que ce Soleil !...

Et la fête s'est déroulée, superbe et vraiment religieuse, dans l'immense acclamation d'un peuple
qui a payé assez cher la liberté et la République et

qui veut les garder ! L'individu qui a failli la déshonorer en tirant sur le président de la République,
quel est-il ? Un fou, c'est bientôt dit. « C'est un
employé disgracié, frappé injustement, qui a voulu
attirer sur lui l'attention du chef de l'État... » Drôle
de façon, en vérité, de rentrer en grâce que de
commettre un attentat sur le premier magistrat du
pays ! On affirme, d'autre part, que cette intéres-
sante victime est l'un des coryphées ordinaires des
réunions boulangistes. Dieu me préserve d'empiéter
sur l'œuvre de la justice ! Si l'homme qui a tiré hier
sur M. Carnot est en effet un orateur habituel des
meetings césariens, ce ne sera pas difficile à véri-
fier. En tous cas, il est permis de faire observer,
dès aujourd'hui, que l'on s'obstine peut-être à
abuser un peu trop des circonstances atténuantes
de la folie. Aliénés, tous aliénés ! Pour qu'ils cessent
d'être de pauvres fous, vous faut-il d'abord qu'ils
ne manquent pas leur coup et qu'ils vous donnent
un cadavre ? On a ri, en Angleterre, des accidents
de chemins de fer tant qu'un évêque n'a pas été
écrasé. Est-ce un évêque qu'il vous faut ? Dites-le,
ô juristes ! pour que je puisse supplier alors messieurs les assassins qui continuent que ce ne soit
pas l'évêque de Versailles !

Mais, quel qu'il soit, simple fol ou triple boulangiste, il n'était pas besoin de ce malheureux pour
faire éclater sur tout le parcours du chef de l'État
les applaudissements unanimes des bons Français ;

certes, non, il n'en était pas besoin ! La France
tout entière lira l'admirable discours par lequel le
petit-fils du grand Carnot a ouvert hier la série
des fêtes du Centenaire ; elle le lira, elle le relira,
et je la conjure de l'apprendre par cœur. Sans
doute, M. le président du conseil, et M. le président
du Sénat et M. le président de la Chambre des députés ont dit de belles et bonnes choses, ont tenu
un langage élevé et réconfortant. Mais le discours
de M. Carnot c'est le souffle même de la patrie,
le souffle même de la Révolution, qui l'a traversé.

Dans ce salon des Glaces plein des plus pompeux
souvenirs de la vieille monarchie et des fantômes
les plus cruels de l'Année terrible, dans cette salle
où le gouvernement de M. de Mac-Mahon n'avait
su donner qu'un bal et qui, d'hier seulement, a été
vraiment purifiée, nous étions là, quinze cents à deux
mille, députés, sénateurs, artistes, hommes de lettres, savants, industriels, commerçants, cultiva-
teurs, magistrats, venus de tous les coins de l'horizon politique, représentant toutes les couches sociales, et quand M. Carnot, d'une voix forte et
grave dont chaque mot portait, a prononcé son discours, nous n'avions qu'une âme...

« Ce que nous sommes, nous le devons à ceux
« que nous venons glorifier aujourd'hui. Ils nous
« ont laissé d'admirables exemples dont nous de-
« vons savoir nous inspirer. Soyons prêts à parfaire
« leur œuvre. Sachons retrouver les élans généreux

« de cette grande époque, nous élever au-dessus
« des mesquines passions, des querelles de partis,
« des divisions d'écoles. Sous l'égide de la Répu-
« blique, qui est le droit constitutionnel, cherchons
« dans l'esprit d'apaisement, de tolérance mutuelle,
« de concorde, cette force irrésistible des peuples
« unis. Le siècle glorieux que nous célébrons dans
« cette pieuse et grandiose cérémonie doit être cou-
« ronné par la réconciliation de tous les Français
« dans la commune passion du bien public, au nom
« de la liberté, au nom de la patrie. Et la France
« aura toujours son rang à l'avant-garde des nations.
« Honneur à nos pères de 1789! »

Ah! les nobles pensées, le mâle langage, et comme,
en l'entendant, j'ai eu, pendant une minute, le regret
d'être un républicain de la veille, de n'être pas un
homme des anciens partis, qui se serait honoré à
jamais en venant abjurer ses erreurs d'hier devant
ce magnifique appel à l'union de tous les bons
citoyens dans la République!

Car ils n'étaient pas là, les hommes des anciens
partis, orléanistes et bonapartistes et royalistes de
toute sorte; ils avaient, d'un accord unanime, déserté cette fête de la France nouvelle; oui, tous,
même les sénateurs de droite, même vous, monsieur
le duc Pasquier! Et s'il ne s'était pas trouvé dans
cette assemblée un évêque pour se souvenir du bas
clergé, — du clergé roturier, — affranchi par la
Révolution de la tyrannie monacale et du joug des

prélats libertins, le remerciement de la vieille France
eût manqué à cette solennité.

Cet évêque s'est trouvé, par bonheur, et les fortes
paroles ne lui ont pas manqué pour saluer, lui aussi,
le règne de la liberté et le chef de l'État échappé à
peine au fer des assassins...

Cependant, la foule immense ne se lassait pas,
pressée à étouffer dans les jardins du grand roi,
d'acclamer la République et, sur les routes enso-
leillées, les derniers régiments qui défilaient...

L'armée, espoir suprême et suprême pensée, à
laquelle de nos fêtes républicaines pourrait-elle man-
quer, elle pour qui ni peines, ni dépenses, ni sacrifices de toute sorte ne nous ont jamais coûté depuis
l'année maudite, elle à qui la République a rendu
ses drapeaux?

Non, chère et vaillante armée de France, petits
fantassins qui marchiez si gaiement au grand soleil,
artilleurs qui traîniez des tonnerres, cuirassiers qui
reluisiez à la claire lumière comme l'image vivante
de la force sûre d'elle-même, non, nous ne vous
donnerons jamais à un homme, non, nous ne vous
livrerons pas, nous ne vous trahirons pas! Vous êtes
à la France, rien qu'à la France, à la France jalouse
qui vous aime comme le fruit le plus précieux de ses
entrailles. La France vous garde pour la défense
de la Liberté, pour le respect de son indépendance,
et pour l'heure où apparaîtra enfin, car elle viendra,
elle aussi, la justice immanente de l'Histoire!

LA POLITIQUE NÉCESSAIRE

8 mai.

M. Henry Maret écrit dans le *Radical* que « les « opportunistes, oubliant le péril, lancent de nou- « veau contre les radicaux leur cri de guerre, et, « comme les Maures du *Cid*, les convient à de nou- « veaux combats. »

Où M. Henry Maret a-t-il entendu ce cri de guerre?

Le journal *la Justice* a contesté au journal *l'Estafette* le droit de ne pas admirer sans réserve la politique de M. Clémenceau; le journal *l'Estafette* a répondu vertement au journal *la Justice*. On a trouvé que cet animal, qui se défend quand on l'attaque, est bien méchant; on eût mieux trouvé qu'il était bien bon de relever des épigrammes qui ne rimaient à rien. Mais quoi! polémiquer avec la *Justice* et appeler au combat tous les Castillans contre tous les Maures, cela fait deux choses, on peut dire, assez différentes. M. Maret nous range-t-il parmi les Maures ou parmi les Castillans. « Opportuniste », au point de vue géographique, est un terme vague qui ne s'explique pas de lui-même. Mais, Maure ou Castillan, je certifie n'avoir entendu aucun coup de clairon; aussi bien, pour le quart d'heure, tous les clairons de Jéricho sonneraient-ils à la fois, que je refuserais parfaitement de m'aligner.

Peut-être me suis-je aligné assez souvent contre le radicalisme intransigeant, contre son personnel et surtout contre ses doctrines, pour ne pas être suspect. En tout cas, puisque « opportunisme » il y a, il doit être permis de penser qu'il est *opportun* de se battre pendant la bataille et de faire autre chose pendant les trêves. Or, nous avons dit et nous ne nous lasserons pas de redire que l'Exposition du Centenaire doit être une trêve entre tous les républicains qui n'ont pas perdu le sens commun, et entre tous les Français qui ont l'ambition d'être patriotes ailleurs que sur le papier.

Pendant le combat, il convient de tirer à mitraille sur l'ennemi et non à poudre; après le combat, je n'aime pas beaucoup les grands airs de Panurge après la tempête. Quand il faudra ceindre de nouveau ses reins, on les ceindra. En attendant, observons la trêve que nous nous sommes proposée les uns aux autres et que les circonstances nous ont imposée.

La Haute Cour de justice tient l'attentat de M. Boulanger, elle le tient d'une poigne solide, elle ne le lâchera pas : laissons-la tranquille.

La Chambre des députés a fait son temps; elle est arrivée au terme légal de son mandat, au terme constitutionnel de sa session : qu'elle nous laisse tranquilles.

Au lendemain des fêtes du Centenaire, au moment où la foule des visiteurs accourt à Paris des départements et de l'étranger, il faut être à la solde de M. Boulanger pour concevoir, recommander ou pratiquer une autre politique.

La Chambre va reprendre ses séances la semaine prochaine. De deux choses l'une : Ou elle votera sagement le budget et quelques lois d'affaires, et alors elle pourra offrir aux visiteurs de l'Exposition une « Section » parlementaire qui sera digne d'éloges ; — ou elle recommencera à se diviser, à se quereller, à en venir aux mains autour des portefeuilles, et alors, « comme elle a ses cinq mois », on la priera d'aller aux champs voir mûrir les blés.

Il y a des gens, venus d'Amiens pour être éternellement ministres, qui calculent que d'ici l'ouverture de la période électorale, pendant qu'à l'Exposition, à côté, le peuple français montrera à l'Europe toutes les merveilles de l'art le plus délicat, de la science la plus hardie et des industries les plus ingénieuses, les représentants de ce même peuple pourront recommencer à la Chambre l'ère des crises et de l'anarchie.

J'avertis ces braves gens qu'ils se trompent.

Le cabinet que préside M. Tirard a été formé avec cette triple mission : mettre à l'ordre le boulangisme, ouvrir l'Exposition, présider aux élections.

Il a commencé à faire sentir à la faction césarienne la force des justes lois, et il ira jusqu'au bout ;

Il a ouvert l'Exposition ;

Il fera les élections.

Vous pouvez rêver de tout ce qu'il vous plaira, d'une forêt enchantée où les merles seraient blancs, d'une île fortunée où les tulipes seraient bleues, d'une région fabuleuse où les petits hommes ne seraient pas rageurs ; mais ôtez-vous de la tête que le cabinet actuel puisse être renversé.

Pour lui, dans les circonstances présentes, s'en aller devant une coalition quelconque, ce serait déserter : il ne désertera pas.

Non pas qu'il puisse venir à la pensée d'aucun de ses membres de faire les élections au profit de l'une ou de l'autre fraction du parti républicain.

Nous irons les uns et les autres au scrutin, chacun avec notre programme, les républicains sensés avec un programme d'affaires, les incorrigibles avec la revision, la Constituante, le *referendum* et autres balivernes : le cabinet tiendra la balance égale entre tous les républicains.

Mais il fera les élections *contre* la réaction royaliste et le boulangisme ; il les fera, qu'on l'entende bien, avec la dernière énergie.

Dès lors, à quoi bon disputer entre nous, ranimer

les vieilles querelles? Au profit de qui pourrions-nous récriminer, nous reprocher nos fautes et nos erreurs?

Le succès de l'Exposition est assuré. Si l'Exposition se poursuit, comme elle a commencé, dans le calme et dans la paix, le parti républicain tout entier, la République tout entière en tireront un profit immense. Et nous compromettrions ce résultat pour le plaisir de nous jeter à la tête des défis et des injures!

Les républicains ont cette chance inespérée qu'ils peuvent réparer ou, tout au moins, faire oublier les erreurs et les fautes de ces dernières années, rien qu'en ne faisant rien, qu'en se taisant, qu'en allant se promener à la galerie des Machines et à la tour Eiffel.

Et ils redescendraient dans la lice des querelles plus que civiles, sous les yeux ravis des préten-dants et du chef de bande qui est leur factotum!

Les républicains qui commettraient cette folie insigne ne seraient pas dignes du nom de républi-cains, et l'histoire ni le suffrage universel n'auraient pas pour eux assez de sévérité.

Quant à nous, nous ne serons pas de ces hommes, et je prie M. Henry Maret, contradicteur sincère et loyal, de vouloir bien me donner acte de cette déclaration.

LA TREVE DE L'EXPOSITION

12 mai.

M. Maret me répond que nous sommes parfaitement d'accord sur « la politique nécessaire », sur la trêve du Centenaire qui s'impose à tous les républicains de sens. Cette trêve ne sera pas « fourrée »; elle sera loyale et franche de part et d'autre. Le rédacteur en chef du *Radical* repousse toute idée de nouvelle crise ministérielle: son poulailler n'abritera pas cet œuf de canard d'Amiens. Le *Temps* observait hier qu'il ne faut pas trop s'injurier au premier tour de scrutin, afin de pouvoir se rallier efficacement au second : M. Maret estime, et je suis plus que jamais avec lui, qu'il vaudrait mieux ne pas s'injurier du tout et réserver nos attaques contre ceux qui veulent détruire ce qui nous unit malgré tout, c'est-à-dire le régime républicain. Ces gens-là nous donnent l'exemple : il y a de tout parmi eux, des bonapartistes, des orléanistes, des naquettistes, des anarchistes et même de la fripouille, comme disait l'ami Avronsart au « géné-

ral » lui-même ; les uns voudraient tordre le cou à
tous les curés, les autres rétablir le billet de confession obligatoire ; les uns étaient d'un côté de la bar-
ricade en 1871 et les autres du côté opposé. Il y a
certes, poursuit M. Maret, plus de différence entre
ces coalisés, venus de tous les coins de l'horizon,
qu'entre les républicains des diverses écoles. « Si
nous ne voulons pas tous la même république, au
moins voulons-nous tous la République. Eux veulent bien tous faire la noce, mais du diable s'ils ont
un article commun dans la Constitution de l'avenir.
Or, croyez-vous qu'ils vont se dire toutes leurs
vérités avant le premier tour, quitte à se rallier au
second ? Pas si bêtes ! Ils savent bien qu'il en resterait toujours quelque chose. Remarquez comme ils
se ménagent, mettant une scrupuleuse attention à
écarter les points sur lesquels ils ne seraient pas
d'accord, n'ayant de polémique qu'avec nous,
d'injures que contre nous, et ne s'attardant pas à
affirmer quoi que ce soit, si ce n'est Boulanger,
c'est-à-dire la noce, point commun. Ils se basent sur
ceci : *Tout plutôt que nous.* Basons-nous sur cela :
Tout plutôt qu'eux. »

Ah ! si tous les amis de M. Maret avaient toujours tenu ce langage, s'ils le tenaient tous aujour-
d'hui ! A l'heure même où paraissait l'article du
Radical, le télégraphe apportait à la *Justice* le
résumé de deux discours que M. Millerand, qui a
refusé de voter les poursuites contre M. Boulanger,

et M. de Lanessan, qui parlerait peut-être autrement s'il avait reçu dans le cabinet actuel le portefeuille qu'il convoitait, ont prononcés avant-hier à Mâcon. Ravivant avec un froid parti pris l'inutile polémique entre la *Justice* et l'*Estafette*, les deux députés de la Seine annoncent leur intention de combattre avec la même vigueur, aux prochaines élections générales, la réaction et le boulangisme d'une part, l'*opportunisme* de l'autre. M. Boulanger n'est pas encore jugé; il a encore derrière lui les gros bataillons de la réaction, il guette la première de nos fautes pour tenter avec furie une nouvelle attaque; la belle affaire! M. Millerand « et ses amis » — M. Clémenceau en est-il? — ne s'arrêtent pas à ces bagatelles. Ils combattront avec la même énergie le général qu'ils ont inventé et ceux qui ont les premiers dénoncé ce malfaiteur! Périsse la République plutôt que de faire taire, pendant une heure, les haines des coteries!

Je ne trouve pas de condamnation assez sévère pour de pareilles paroles : elles sont détestables, elles appellent l'indignation et la colère de tous les républicains; elles ne réjouiront que nos pires ennemis. Mais si je ne sais pas de réprobation assez dure pour de telles excitations, je sais qu'elles n'empêcheront pas ceux qui savent où est le devoir de faire leur devoir jusqu'au bout. Or le devoir est de fermer le livre des récriminations et, brisant le moule des vieux partis usés, d'opposer à l'ennemi

commun l'armée unie dés défenseurs de la Constitution et de la Liberté.

Est-ce à dire qu'en proposant, en observant et en
faisant respecter cette trêve du Centenaire, nous
devions renoncer les uns et les autres à nos idées,
à nos doctrines propres ? Cette sottise n'est pas
venue à la pensée de M. Maret plus qu'à la mienne.
M. Maret ne me demande pas de me convertir à
l'autonomie communale, et je ne demande pas à
M. Maret de souscrire à la statue de M. Thiers.
Dans son dernier discours de l'Association nationale républicaine, M. Jules Ferry rappelait le mot
admirable de Michelet sur la nature qui réalise la
variété dans l'unité : qu'il en soit de même du parti
républicain ! La diversité n'est pas un mal ; j'in-
cline même à croire qu'elle est un bien, à condition qu'elle contribue et non qu'elle porte atteinte
à l'unité supérieure. Cette union de tous contre
les factions qui montent de toutes parts à l'assaut
de la République, contre cette Ligue du mal public que forment la réaction et la boulange, il faut
être aveugle ou fou pour n'en pas comprendre
la nécessité impérieuse ! Et c'est cette trêve à
peine conclue, cette trêve indispensable, que l'on
dénonce !

M. Boulanger s'est fait *interviewer* avant-hier, à
Londres, par un reporter du *Gaulois*. Cet *interview*,
qui est du plus haut comique, est également des
plus instructifs. M. Boulanger, en allant à Londres,

comptait y être le lion de la *season* : comme il a trouvé toutes les portes fermées devant la bande de divorcés qui compose sa cour, il déclare que, s'il n'a pas été ce lion, c'est qu'il n'a pas voulu l'être et qu'il s'est imposé, ô sainte Mousseline ! une extrême réserve !... Mais M. Boulanger affirme aussi qu'il rentrera à Paris en vainqueur après les élections d'octobre. Il dit cela, sans doute, au même rédacteur à qui il avait promis qu'il ouvrirait l'Exposition en personne. Mais pourquoi M. Boulanger n'a-t-il pas présidé aux fêtes du Centenaire ? Parce que, depuis quelques mois, le parti républicain a su rester uni et compact contre l'ignoble menace de dictature. Pourquoi M. Boulanger se flatte-t-il de revenir en maître à l'automne prochain ? Parce que M. Boulanger est persuadé que, le péril passé, nous nous moquerons du saint qui nous aura sauvés et que nos divisions inévitables lui rouvriront la brèche... Et nous suivrions les conseils de discorde qu'on nous donne, d'un cœur léger, avant même que le péril soit passé ! nous commettrions l'ineptie et le crime de retomber dans le panneau !

Non, nous n'y retomberons pas ! Non, nous ne nous laisserons pas détourner de la voie droite et sûre du devoir républicain ! Des uns et des autres, qui avait raison, qui se trompait hier et avant-hier ? Il est bien évident que, les uns et les autres, nous restons plus ou moins persuadés — je dis *moins* pour ceux qui n'ont pas la prétention saugrenue

de se croire infaillibles — que c'est l'*autre* qui a eu
les plus grands torts. Mais comme nous sommes,
les uns et les autres, également convaincus que
nous ne convertirons pas le voisin, à quoi bon en
disputer ?

> Je suis tombé par terre :
> C'est la faute à Voltaire !
> Le nez dans le ruisseau :
> C'est la faute à Rousseau !

M'est avis que nous avons assez chanté ce refrain
au lendemain des élections d'octobre. Que ce
soit la faute à Rousseau, que ce soit la faute à
Voltaire, j'ose croire que l'essentiel est de ne pas
retomber par terre, le nez dans le désastre électoral. Nous y sommes tombés une fois et, tant bien
que mal, nous nous en sommes relevés : cela ne
nous a valu que le boulangisme. Si nous récidi-
vions, cela nous coûterait la République, la liberté
et l'honneur même de la patrie française. Récidive-
rons-nous ?

J'ai demandé autrefois, et je n'ai pas sujet de m'en
repentir, la relégation à perpétuité pour les récidivistes de droit commun. Je demande aujourd'hui la
relégation pour les récidivistes des querelles, des
disputes, des divisions intestines, des crises ministérielles et du gâchis.

LES SABINES

14 mai.

La *Justice* a publié hier matin le texte du discours
que M. Millerand a prononcé vendredi à Mâcon,
mais M. Clémenceau, directeur de la *Justice*, a sup-
primé de ce discours, relégué à la deuxième page,
le passage où le jeune député de la Seine déclarait
« que ses amis et lui » combattraient, aux prochaines
élections, avec la même énergie le boulangisme, la
réaction et « l'opportunisme ». M. Millerand a con-
senti à cette suppression significative, mais sans
rien rétracter, fier Sicambre ! de ses paroles : l'*Intransigeant* a publié avec force éloges le passage
que M. Clémenceau avait refusé de parapher et que
la presse républicaine avait été unanime à condamner. Nous félicitons M. Clémenceau.

Les paroles des Sabines (j'entends M. Maret,
M. Ranc et moi-même) ont donc été entendues.
Nous avions regretté la polémique inutile, arriérée
ou prématurée, qui s'était élevée entre la *Justice* et
l'*Estafette;* cette polémique est également close.

« Non, écrit M. Camille Pelletan, entre les répu-

» blicains avec lesquels nous différons d'avis sur
» la politique à suivre et les restaurateurs de monar-
» chie, avoués ou non, il ne peut pas y avoir de
» confusion. Tous les radicaux conscients ont une
» résolution déjà arrêtée : républicains avant tout,
» ils sont, au besoin, avec le modéré contre le par-
» tisan avoué d'une restauration ou contre son com-
» plice certain... Contre le retour de l'empire ou de
» la royauté, contre le retour du consulat sans
» gloire ou, plutôt, du consulat infamant qui ne
» serait qu'une transition pour aboutir à l'un ou à
» l'autre par la route du désastre, nous restons les
» alliés résolus de tous les républicains. »

M. Abel Peyrouton, d'autre part, pour expliquer
sa pensée, qui aurait été mal comprise, reproduit,
en y ahérant, la déclaration suivante de M. Jules
Ferry dans son dernier discours de l'*Association
nationale républicaine :* « Rien n'a été plus désas-
» treux, pour les destinées du parti républicain,
» que la division, non point la division d'idées et de
» doctrines, — celle-là est dans la nature des cho-
» ses, dans le tempérament des esprits, — mais
» la division passionnée, l'esprit de secte et les hai-
» nes déchaînées entre les deux grandes fractions
» du parti républicain. Nous sommes entrés fort
» heureusement, — et certes ce n'est pas de notre
» côté que rien sera dit, ni fait ni tenté, pour mo-
» difier cet heureux état de trêve, — nous sommes
» entrés dans une situation beaucoup plus normale.

13.

» Ni d'un côté ni de l'autre, on n'abdique ses prin-
» cipes, mais il semble qu'on se dise : « Après tant et
» de si dures leçons, ne peut-on pas professer des
» opinions différentes sur la manière de conduire
» les affaires de la République sans se mettre les
» uns les autres en accusation devant le pays répu-
» blicain ? » Eh bien ! cette trêve, cette pacifica-
» tion, il faut qu'elle subsiste jusqu'aux élections.
» Nous ne ferons rien pour la troubler. »

On pourrait imprimer sur deux colonnes, côte à
côte, l'article de M. Pelletan et le discours de M Jules
Ferry : c'est la même pensée, c'est presque la même
expression. A la veille de la réunion des Chambres,
rien ne pouvait se produire qui fût de meilleur augure
que cette reconnaissance publique, officielle, de la
trêve nécessaire qui s'impose aux républicains de
sens, à quelque groupe qu'ils appartiennent, à tous
les patriotes éclairés. Nous avons peut-être contri-
bué un peu à ce résultat : nous n'avons pas perdu
notre encre.

PROVERBE EN ACTION

16 mai.

« Dis-moi comment tu célèbres le Centenaire, je te dirai qui tu es. »

Voici comment M. Andrieux a célébré la fête de la République :

L'ancien préfet de police est allé à Lyon ; il a réuni dans une brasserie borgne de la Croix-Rousse un millier de boulangistes et de révolutionnaires ; le citoyen Deloche, gendre de feu « le général » Eudes, présidait : « Chassons les voleurs du temple! « dit M. Andrieux ; parmi les députés, la plupart « n'ont d'autre préoccupation que d'être réélus ou « de faire fortune. Le cri de : « A bas les voleurs! » « paraît devoir être la *Marseillaise* de 89 ! »

J'ose croire que ces belles, ces nobles et touchantes paroles ne surprendront personne. Ce que j'ai appelé le « boulangillysme », l'association de M. Boulanger et de M. Gilly pour déshonorer et pour salir le parti républicain, n'a pas eu de complice plus zélé que M. Andrieux. C'est lui qui décernait publiquement le titre de « justicier » au tonnelier de Nîmes, au délicieux personnage qui, après avoir vidé des tombereaux de boue sur les meilleurs des républicains, a tout désavoué dès que les calomniés ont fait mine de se révolter. M. Gilly, la semaine prochaine, va prendre, entre deux gendarmes, le chemin de Mazas ou de Poissy : il faut bien que quelqu'un se charge, pendant cette absence, de continuer l'honnête métier du tonnelier-diffamateur ; c'est M. Andrieux qui prend la suite de ces affaires ; il y excellera, jusqu'au jour où la justice lui demandera, à lui aussi, des comptes ; et, ce jour-là, M. Andrieux, comme son ami Gilly, rejettera la faute sur le premier Peyron ou Chirac venu. En attendant, il reçoit les félicitations de M. de Rochefort et de M. de Cassagnac. C'est sa façon, à lui, de glorifier le Centenaire : M. Andrieux est-il boulangiste ?

La fameuse harangue de M. Gilly à Alais n'est qu'une espièglerie auprès du discours de Lyon ; si M. Andrieux a parlé en ces termes exquis de la représentation nationale, c'est évidemment dans le pieux dessein d'exciter les citoyens à l'amour les uns des autres et de barrer la voie au dictateur. Or pendant que M. Andrieux s'expliquait ainsi, M. Dalou réunissait quelques amis à l'issue du banquet de l'Hôtel de Ville :

« Cette fête, nous disait le grand artiste, a été
« superbe ; cette assemblée de six cents républi-
« cains, sénateurs, députés, conseillers municipaux

« industriels, commerçants, administrateurs, écri-
« vains, qui n'a qu'une voix pour acclamer, sous
« ces voûtes magnifiques, le président de la Répu-
« blique remerciant Paris au nom de la France,
« c'est un beau spectacle qui restera dans nos mé-
« moires. Mais combien sommes-nous ici ? Cinq
« cents, six cents bourgeois tout au plus : où est le
« peuple, le peuple des ouvriers qui, de ses bras
« robustes, a fait cette admirable Exposition que la
« science de ses ingénieurs, de ses architectes avait
« dessinée sur le papier ? Ne pensez-vous pas que
« les ouvriers de l'Exposition ont droit, eux aussi,
« à une fête et que le gouvernement de la Répu-
« blique, après avoir remercié les travailleurs de la
« pensée, doit remercier aussi les travailleurs de
« la main ? Je vous livre, à vous, la presse répu-
« blicaine, cette idée qui m'est venue. Est-elle
« d'une exécution difficile ? je ne crois pas. Il suffi-
« rait de s'adresser aux divers corps d'ouvriers,
« syndicats et autres, qui ont été employés à l'Ex-
« position et de leur demander la liste des travail-
« leurs à inviter. La nef du Palais de l'Industrie
« peut contenir deux à trois mille convives, plus
« peut-être ; c'est là qu'il faut dresser les tables.
« Cette organisation sera un jeu d'enfant pour
« M. Alphand. Il est possible qu'un banquet ne
« suffise pas; on en fera deux : la France est assez
« riche pour remercier tous ses enfants, tous ceux
« qui ont collaboré à cette apothéose glorieuse du

« Travail, de la Liberté et de la Paix. Il est bien, il
« est juste qu'elle les remercie. »

Nous avons promis à l'artiste incomparable qui
nous tenait ce langage de répandre son idée, de
l'appuyer de toutes nos forces auprès des pouvoirs
publics : voilà notre façon, à nous, de célébrer le
Centenaire de 1789...

LES BOULANGISTES MASQUÉS

17 mai.

Le père de M. Jourdain n'était pas marchand de
drap ; mais, comme c'était une obligeante nature, il
faisait parfois cadeau à ses amis de belles pièces de
drap qui lui étaient venues ; ses amis ne voulaient
pas demeurer en reste avec lui ; ils lui laissaient,
en échange, quelque menue monnaie.

Je sais pas mal de gens, députés, journalistes et
fonctionnaires, qui sont boulangistes à la façon du
père de M. Jourdain.

Boulangistes, fi donc ! Appelez-les ainsi : ils vous
enverront leurs témoins ; non, jamais, on ne les
verra près de la botte d'un César. Seulement,
comme ce sont, entre tous, des républicains purs et

des libéraux sans tache, ils applaudissent à tous
les articles du programme césarien ; quand ils
sont candidats à quelque chose, mettez, si vous
voulez, au conseil d'arrondissement ou à la présidence de la chambre, ils téléphonent à César de
venir voter pour eux ; et quand César enfin, pris la
main dans le sac, apprend à connaître les justes
lois de la République, ils protestent contre les
poursuites et flétrissent les juges de l'attentat.
Boulangistes, fi donc ! Mais, s'ils étaient boulangistes, que feraient-ils de plus, sinon de se prononcer
sans masque et d'avoir le cynisme de leur opinion ?

Les députés qui sont ainsi boulangistes et que le
comité Marchandon ne combattra pas aux élections
générales, il faut les chasser de leurs sièges : pas un
républicain ne leur donnera sa voix, sous quelque
prétexte et à quelque tour de scrutin que ce soit.

Les journalistes qui sont boulangistes de cette
façon et que la presse aux gages du contumax de
Londres ne cesse de couvrir de fleurs, il faut les
dénoncer sans relâche à l'opinion républicaine : il
faut être *pour* ou il faut être *contre ;* la neutralité,
c'est la trahison avec l'hypocrisie en plus.

Les fonctionnaires enfin qui boulangisent comme
M. Jourdain père vendait du drap, il faut les révo-
quer sans pitié : Vous avez menacé de destitution,
dans l'hypothèse de votre victoire, les fonctionnaires républicains qui feraient leur devoir, qui
vous combattraient ; c'est votre droit ; en attendant

notre droit, à nous, est de frapper les fonctionnaires républicains qui se ménageraient une porte de sortie en vous ménageant, en mettant à votre service l'influence et l'autorité qu'ils tiennent du gouvernement qui les a nommés et qui les paye.

J'ai eu l'honneur, il y a quelques jours, de l'*interview* d'un rédacteur du *Gaulois:* « Que pensez-vous des élections générales? — Je pense d'abord que le gouvernement de la République ne recommencera pas la duperie d'octobre 1885; il l'a payée assez cher; il fera, avec toutes les forces dont il dispose, les élections contre la boulange et contre la réaction. »

Quoi! le gouvernement ne sera pas neutre, il ne se contentera pas de présider au scrutin, les deux mains dans la cuvette de Ponce-Pilate?... Non, cent fois non, le gouvernement de la République ne désertera pas sa tâche. Oui, certes, il tiendra la balance égale entre les républicains de toutes nuances. Mais contre les réactionnaires avérés ou masqués, contre les boulangistes déclarés ou honteux, il descendra dans la lice et il livrera bataille. Il a envoyé ou il enverra des circulaires catégoriques à ce sujet aux fonctionnaires des divers services : je connais d'assez longue date M. Constans, M. Rouvier, M. Fallières et M. Tirard ; j'ose répondre que ces circulaires ne resteront pas à l'état de lettre morte.

Il s'agit de la République, il s'agit de la Liberté,

il s'agit de l'honneur même de la Patrie : ce ne sont pas choses que l'on joue sur un coup de dé et qu'on livre au hasard. Nous ne les jouerons pas, nous ne les perdrons pas...

« SI JE SUIS OPPORTUNISTE ? »

19 mai.

A un Bas-Alpin.

Vous me demandez si je suis « opportuniste ». Qu'entendez-vous par « opportuniste ? »

Si vous entendez par « opportuniste » un républicain qui se moque des principes comme M. Boulanger de ses serments, qui prend l'immobilité pour la stabilité, qui croit que tout est pour le mieux dans la meilleure des Républiques du moment qu'il est sous-préfet, qui tient que M. Jules Ferry est dieu et que M. Clémenceau est le diable, je vous répondrai que j'ai la prétention de n'être ni un imbécile ni un sectaire et que l' « opportuniste », dont vous me tracez l'aimable portait, est à la fois un sectaire et un imbécile.

Si c'est cela qu'il faut entendre par « opportuniste », — et je n'en suis pas à ignorer que la *Lan-*

terne, l'*Intransigeant* et la *Gazette de France* l'en-
tendent ainsi, — non, je ne suis pas « opportuniste »
et je ne l'ai jamais été.

Posez-moi maintenant cette question : « En poli-
« tique, comme ailleurs, pensez-vous qu'il faut
« ou non faire les choses en leur temps, au mo-
« ment opportun? » Oh! alors, ma réponse ne
sera pas moins nette, moins catégorique ; seulement,
je ne dirai pas : *Non !* je dirai : *Oui !*

Et dans ce sens, le seul qui soit conforme à l'éty-
mologie même du mot, à sa signification vraie, celle
qui n'a pas été défigurée et déshonorée par les polé-
miques des partis, qui donc n'est pas opportuniste?
Est-ce que le cultivateur fauche son blé quand il
est vert ou attend-il qu'il soit doré par le soleil de
messidor? Est-ce que le vigneron coupe son raisin
avant l'automne? Est-ce que le navigateur s'em-
barque pendant la tempête?

Je me suis laissé conter qu'un farceur étant entré
pour dîner à la Maison Dorée, demanda d'abord au
garçon stupéfait un cigare, puis un verre de char-
treuse, puis une tasse de café, puis un fruit, puis un
légume, puis une salade, puis un rôti, puis un poisson, enfin un potage. Eh bien, je commence par
le potage et je finis par le cigare : je n'ai pas le
goût des indigestions et j'ai l'habitude de faire les
choses dans leur temps et dans leur ordre naturel.

C'est dans ce sens, mon ami, que je suis opportuniste et que j'ai le droit de dire que les far-

ceurs seuls ne le sont pas. Je ne demande pas la
séparation des Églises et de l'État avant que l'instruction primaire soit devenue une institution aussi
incontestée en fait qu'elle est incontestable en droit.
Et je ne demande pas la revision de la Constitution
tant que la République n'a·pas achevé de gagner
la bataille contre les partis de réaction et de dictature coalisés.

Vous m'avez demandé mon avis : le voici franc et
net, je parle comme je pense et non pour faire plaisir aux passions d'un jour. Je respecte le suffrage
universel comme la Loi ; je ne le méprise pas, en
l'adulant, comme un souverain. Vous êtes un
homme libre et qui voulez rester libre. Vous pourrez ne pas partager mon sentiment, mais, au moins,
vous ne me refuserez pas votre estime. Cela me
suffit.

LÉGITIME DÉFENSE

23 mai.

Il paraît que j'ai scandalisé les bonapartistes :
j'ai écrit que la République ne se laisserait plus
trahir impunément par ses fonctionnaires, qu'elle
frapperait tous ceux qui, dans la prochaine bataille,
ne prendraient pas résolument posture contre le
boulangisme et contre la réaction. « Mais c'est la
candidature officielle dans toute son horreur! »
gémit Ratapoil, et il se jette en pleurant dans les
bras de M. Vergoin.

La candidature officielle!... Mais, d'abord, si le
gouvernement de la République pouvait avoir jamais l'inspiration indigne de lui, impolitique et dé-
loyale d'y recourir, il y a des gens à qui la simple
pudeur devrait interdire de s'en plaindre. Quoi! la
soupière Du Miral et le veau Calvet-Rogniat, les
rastels Durand et les urnes à double fond système
Billioti, M. de Broglie et M. de Fourtou, se plain-
draient que la loi du talion leur soit appliquée!...
Non, bonnes gens, il y a encore des survivants de
l'Empire et du Seize-Mai, des survivants qui se

souviennent des cabarets fermés, des maîtres d'école
chassés, des journaux supprimés, des imprimeurs
ruinés, des distributeurs de bulletins emprisonnés,
des femmes éloignées des saintes tables, des vieillards intimidés, des candidats poursuivis à coups
de pierres, des électeurs traqués et menacés et même
des poules de l'opposition mises en fourrière... La
voilà, dans sa beauté impériale et orléaniste, la candidature officielle. Nous l'avons connue, nous l'avons
vaincue. A qui ferez-vous croire que c'est aux jours
de M. de Saint-Paul et de M. Buffet que nous voulons revenir?

La voilà, la candidature officielle; nous l'avons
flétrie, nous l'avons condamnée, les républicains ne
la pratiqueront pas. Seulement, nous ne vous per-
mettrons point davantage, ô tendres libéraux ! de
donner le nom de cette chose odieuse et basse qui
vous appartient en propre à la résolution que le
gouvernement a prise de ne point trahir son devoir.
Au mois d'octobre 1885, les fonctionnaires de tous
ordres avaient pour consigne de ne point faire savoir quel nom portaient leurs bulletins; il leur était
interdit de faire savoir qu'ils tenaient pour la République contre la coalition des partis de monarchie...

> Regrettez-vous le temps où le ciel sur la terre
> Marchait et respirait dans un peuple de dieux...

Regrettez-vous le temps où Allain-Targé était
ministre de l'intérieur? Eh bien, saluez-la, cette

abdication du gouvernement républicain, vous ne la reverrez plus.

Le gouvernement de la République a-t-il le devoir, dans les temps troublés et orageux que nous traversons, de parler au corps électoral et de faire répéter ses conseils par les mille bouches de son armée administrative? Vous pouvez consulter tous les républicains des deux Chambres, depuis M. Ribot jusqu'à M. Clémenceau, en passant par M. Constans, — et, dans l'espèce, M. Constans suffirait, — la réponse sera unanime : Nous ne recommencerons pas la duperie de 1885. Qui est défiée, bravée, injuriée, outragée, calomniée, attaquée? La République, la « gueuse » que l'on croit enfin tenir. Et la République ne se défendrait pas en attaquant à son tour? Mais soyez logiques et demandez-lui tout de suite de se suicider!

Vous reprochez depuis assez longtemps à la République de ne pas être un gouvernement. Elle le sera, elle va l'être. Les fonctionnaires hésitants, se ménageant des portes de sortie, aux petits soins avec les ennemis qui s'annoncent comme les maîtres de demain, il n'est rien par où la débilité, la fragilité d'un gouvernement se manifeste davantage aux yeux des populations, rien, si ce n'est, peut-être, l'impunité des insultes et des diffamations d'une certaine presse. Le dernier paysan méprise un régime qui ne sait ni se faire obéir par ses agents ni respecter par ses adversaires. Et ce paysan a raison.

LA PAIX RELIGIEUSE

27 mai.

La Chambre continue la discussion du budget ; elle a voté hier en vingt minutes celui des cultes : un petit engagement entre M. l'évêque d'Angers, de plus en plus militant, et M. Clémenceau, de plus en plus jeune, et par 337 voix contre 198 le Concordat a été sanctionné une fois de plus.

Qu'il se soit trouvé à la Chambre dans la crise que nous traversons 198 députés pour refuser les crédits des cultes et pour manifester en l'honneur de la séparation des Eglises et de l'Etat, c'est beaucoup, c'est trop. On allègue que ces 198 irrédentistes n'ont émis, savaient n'émettre qu'un vote parfaitement platonique. Ce n'est pas là une excuse, c'est une circonstance aggravante. Le devoir d'un représentant du peuple quand il vote, comme d'ailleurs le devoir de tout citoyen, est de voter comme si du bulletin qu'il dépose dans l'urne dépendait le sort même de la question qui lui est proposée.

Notre voisin est tout seul à faire son devoir, c'est lui qui sera sage, prudent et courageux pour nous :

cela est trop facile à dire. Et si le voisin cessait à son tour d'être courageux, prudent et sage ? s'il était tout simplement moins nombreux ? Voyez-vous la période électorale s'ouvrant sur un vote supprimant les crédits du culte et quel profit la généreuse boulange, dont une bonne moitié s'est d'ailleurs associée à la démonstration de l'extrême gauche, en aurait tiré !

Que 198 députés se soient prononcés dans ces conditions pour la séparation des Eglises et de l'Etat, c'est une preuve de plus que petit bonhomme intransigeant n'est pas mort. Mais que la minorité hostile au Concordat se soit contentée du couplet de M. Clémenceau, c'est un indice que les plus avancés eux-mêmes commencent à ouvrir les yeux aux réalités pratiques. Ils ne suivent pas encore le bien, mais il est certain qu'ils commencent à l'apercevoir. Ils inscrivent encore la séparation des Eglises et de l'Etat sur leurs programmes, mais dans le fond de leur conscience, ils sont ravis de n'être qu'une minorité. C'est le progrès qui continue.

Il y a vingt ans, la séparation était un dogme pour l'immense majorité du parti républicain et libéral : à la fin de l'Empire et dans les premières années de la République, les plus modérés, les piliers les plus éminents du centre gauche, M. Jules Simon, M. Léon Say, M. Laboulaye, la proclamaient dans leurs affiches électorales. Puis la réflexion est venue : à la suite de Gambetta, de Paul

Bert, la grande majorité des républicains s'est déclarée
pour l'application ferme mais loyale du Concordat.
Et voici que l'extrême gauche, qui, pendant tant
d'années, avait fait de la séparation son grand
dada de bataille, paraît hésiter à son tour. Elle ne
l'avouera pas, mais cependant elle hésite. Hier, chaque discussion du budget des cultes amenait à la
tribune vingt orateurs dont les discours se prolon-
geaient pendant plusieurs séances : aujourd'hui une
ritournelle de M. Clémenceau et les principes sont
satisfaits !

Hé ! sans doute, j'entends la réponse de la *Justice :*
M. Clémenceau, dans sa ritournelle, a donné rendez-
vous aux défenseurs du Concordat sur le champ de
bataille des élections... Parlons sérieusement : le
député du Var sait aussi bien que l'évêque d'Angers
que la lutte électorale qui se prépare ne se livrera
nulle part sur la question de la séparation des Eglises et de l'Etat. Vaincre la coalition des partis de
monarchie et de dictature, voilà la question, et
j'imagine qu'elle est assez grande et assez haute.

Que le Concordat doive être à travers les siècles
le régime définitif des cultes, personne ne le prétend,
bien que le Concordat paraisse à beaucoup le régime qui assure le plus sûrement les droits de l'Etat.
Mais il est de toute évidence que la paix religieuse
est, à l'heure actuelle, l'une des aspirations les
plus fortes et les plus générales du peuple français.
Il est assurément tout à fait ridicule et injuste de

dire que la religion a été persécutée sous la troisième
République ; mais il est incontestable que certains gouvernants se sont complus ou laissés aller à
des taquineries qui étaient parfaitement impo-
litiques et à certaines vexations qui ont blessé les
consciences.

Est-ce en continuant ce système, est-ce en y
renonçant hautement, que le gouvernement de la
République ramènera la partie du corps électoral
qui s'est écartée ? Le ministère que préside M Tirard
n'a pas hésité : il y a renoncé. Les laïcisations sys-
tématiques d'hôpitaux, les laïcisations précipitées
d'écoles ont été arrêtées depuis trois mois... Et c'est
ce moment que l'on choisirait pour reprendre la
menaçante querelle, aussi menaçante, sinon plus,
pour l'Etat que pour l'Eglise, de la séparation ! Ce
serait pure folie, aberration double et triple. Nous
ne voulons pas nous laisser mener à Canossa, mais
nous ne voulons pas davantage nous faire envoyer
à Charenton...

LE GENRE ENNUYEUX

28 mai.

Et le boulangisme n'est plus qu'un genre ennuyeux ! Splendeur et misère des courtisanes ! Hier, à la seule annonce d'une toute petite question à la Chambre, c'était un branle-bas universel ; on interviewait par avance, sur les moindres discours qu'ils se proposaient de réciter, M. Laguerre, M. Andrieux, M. de Cassagnac, tous les chefs de la bande ; on faisait queue, dès dix heures du matin au Palais-Bourbon ; le téléphone haletait, le télégraphe était sur les dents et Géraudel pleurait des larmes jalouses dans le sein de Sarah Bernhardt. Aujourd'hui, d'un bout à l'autre de la presse, un seul cri : « Vous « nous ennuyez ! laissez-nous donc tranquilles ! « donnez-nous la paix ! » M. Francis Magnard, dans le *Figaro*, a pour spécialité de noter avec une pénétrante exactitude les impressions successives de Paris ; il se fait ce matin l'interprète du sentiment que Jean Hiroux appelait *l'embêtement général* : « M. Laguerre va interpeller sur les lenteurs de la « Haute Cour, M. Andrieux viendra à la rescousse

« distiller une méchanceté péniblement élaborée ;
« mais, pour dieu, que voulez-vous que cela nous
« fasse ! nous avons pris au sérieux la trêve de l'Ex-
« position !... » Ainsi parle M. Magnard, et tout le
monde d'applaudir. Les belles dames elles-mêmes
n'ont plus demandé de billets pour la séance, elles
si friandes de vacarme boulangiste : elles préfèrent
Buffalo-Bill et ses coups de fusil dans la prairie, à
la poursuite des buffles ou des Indiens. Le véritable
boulanger, c'est le capitaine Cody ; il fait parler la
poudre, et ce n'est pas la poudre d'escampette !

On peut se consoler, quand on est un parti sans
pudeur ni conscience, de bien des affronts, du mépris des honnêtes gens, du dédain de tout ce qui a
un nom en Europe ; mais quand on ne vit que de
réclames, de charlatanisme et de bruit, ne plus
être à la mode, ne plus faire recette, ennuyer,
raser, comme on dit à l'Académie de Montmartre,
c'est le coup de la mort. La salle est vide, les rares
spectateurs bâillent, les spectatrices sont à l'Hippo-
drome des Ternes... Mais comment, pourquoi cette
transformation ? Est-ce que l'entrepreneur général
de la troupe ne soigne plus ce programme ? Voici
pourtant tous les premiers rôles, tous les ténors,
Laguerre et Cassagnac, Andrieux et Laisant.
« Nous sommes toujours, dit la grosse dame qui
« fait le boniment devant la baraque, les mêmes
« que par le passé : nous injurions, diffamons, ca-
« lomnions comme autrefois ; nous avons même

« perfectionné la calomnie. Entrez donc!... » Et
l'on n'entre pas, la mode des crinolines est passée...

Le boulangisme n'a pas cessé d'être odieux, détestable, objet de répulsion et de dégout pour quiconque a souci de l'honneur français dans le monde,
pour quiconque a posé, ne fût-ce qu'une fois, le
bout des lèvres à la coupe pure de la liberté; mais
le boulangisme est devenu ennuyeux. Les honnêtes
gens ont le droit de ne pas être amusants ; mais les
autres, quand ils sont ennuyeux, ne peuvent même
plus invoquer de circonstances atténuantes, et nous
en sommes là, deux mois après l'hégire du « général », qu'à la seule annonce d'une nouvelle interpellation boulangiste toutes les mâchoires se décro-
chent !

ACCUSÉS ET COMPLICES

29 mai.

Quand la Chambre discute le budget, la loi de recrutement, les questions d'affaires, celles qui intéressent le travail national, l'instruction publique, l'agriculture, les bancs boulangistes sont vides : les amis du contumax de Londres ne se dérangent pas pour des vétilles. Dès que les bancs boulangistes se garnissent, il est certain qu'il y aura des interpellations brutales et violentes, des tumultes, des injures. Nos gens n'ont jamais compris autrement le régime parlementaire : je comprends qu'ils en aient la nausée. Moi aussi.

C'est la Haute Cour de justice qui a servi de prétexte au vacarme d'hier : MM. Laguerre, de Cassagnac et Andrieux en ont été les héros ; ils étaient qualifiés et autorisés entre tous, en l'absence du chef ; ils ont mérité, tous les trois, au même titre, les remerciements du maître. Si la commission des Neuf avait expédié l'affaire Boulanger et consorts en vingt-quatre heures, vous entendez d'ici les clameurs des complices : « C'est une parodie de

« la justice, un verdict de haine, un crime ! » —
Notez que plusieurs de ces complices sont les panégyristes habituels de l'assassinat du duc d'Enghien
et du meurtre de Martin Bidauré. — La commission
des Neuf a compris autrement sa tâche : elle a
voulu, avec raison, faire la lumière sur toute la
conspiration césarienne, sur la carrière politique
tout entière du chef de bande qui lui a été déféré.
Alors, c'est l'autre chanson : « Ce procès ne repose
« sur rien ! On n'avait rien, on ne trouve rien,
« c'est une manœuvre électorale ! » Et, par respect pour la justice, on somme le gouvernement de
presser sur la justice !

On n'a rien, on ne trouve rien !... Je suis de ceux
qui approuvent le soin méticuleux, les sages et pru-
dentes lenteurs que la commission des Neuf apporte
à ce procès. Mais, enfin, les faits, les seuls faits qui
sont depuis deux ans de notoriété publique, qui sont
incontestables et incontestés, le complot à ciel ouvert contre la République, la sédition organisée,
l'embauchage publiquement pratiqué et avoué hier
encore par M. Laguerre, les tentatives factieuses
préparées et poursuivies par M. Boulanger alors
qu'il portait encore l'uniforme et qu'il était soumis
aux lois militaires, j'attends toujours qu'on me
nomme un seul pays au monde, monarchie constitutionnelle ou République, où ils ne suffiraient pas
à faire tomber sur la tête de l'homme qui s'en serait
rendu coupable les châtiments les plus sévères et

les plus mérités. La plaisanterie de M. Boulanger agneau sans tache est, sans doute, fort drôle, puisqu'elle comble de joie les partis de monarchie : elle gagnerait cependant à être plus courte.

Donc M. Laguerre a interpellé le garde des sceaux sur les lenteurs de la Haute Cour ; l'interpellation était inconstitutionnelle sous cette forme ; le président et la Chambre ont refusé d'en permettre la discussion. M. Andrieux est venu aussitôt à l'aide de MM. Laguerre et de Cassagnac, leur apportant, comme il avait déjà fait pour M. Numa Gilly, le concours de ses insidieuses subtilités : c'est sur l'attitude du gouvernement devant la Haute Cour qu'il a interpellé le garde des sceaux. L'interpellation, ainsi présentée, a été acceptée par le président du conseil, qui en a demandé la discussion immédiate, et le tapage a recommencé. On n'analyse pas l'outrage à jet continu : M. de Cassagnac s'est fait appliquer la censure, M. Laguerre s'est fait retirer la parole, M. Andrieux a accusé le gouvernement d'avoir payé sur les fonds secrets des témoignages devant la Haute Cour. M. le garde des sceaux a sommé M. Andrieux de prouver ses accusations, et, naturellement, M. Andrieux s'est tu. La majorité républicaine a voté alors, à la presque unanimité, l'ordre du jour pur et simple.

La Haute Cour n'avait pas besoin du vote de la Chambre pour poursuivre sa tâche en pleine liberté ; le vote d'hier n'en est pas moins important : il signifie

que le parti républicain entend plus que jamais rester
uni et compact contre la dictature. En vain les orateurs au service ordinaire de M. Boulanger ont-ils
protesté, avec de tendres larmes dans la voix, que
ce procès est dirigé à la fois contre la conspiration
césarienne et contre le parti radical. Ces misérables
insinuations ne feront pas une dupe. Le parti radical!
il s'est lourdement trompé au début sur le caractère
de l'entreprise de M. Boulanger, et l'on sait ce que nous
pensons des fautes qui ont donné à cette aventure
un succès éphémère. Mais, depuis plus d'une année,
le parti radical s'est confondu dans le parti républicain tout entier pour livrer le bon combat contre
le soldat factieux qui menace la liberté et l'honneur
même du peuple français ; dans cette bataille, il n'y
a plus depuis longtemps ni radicaux, ni modérés, ni
opportunistes ; il n'y a plus que des républicains,
et tous ces républicains, à quelque groupe qu'ils
appartiennent, quel que soit leur guidon particu-
lier, quelle que soit leur nuance, ils ont tous fait
leur devoir avec le même courage, et ils continue-
ront à le faire avec la même énergie.

Nous étions divisés, en guerre les uns contre les
autres, nous étions les frères ennemis ; M. Boulanger
nous a réconciliés, unis : nous resterons unis contre
ce César de carrefour et de boudoir, la main dans
la main, pour sauver la République. On aura beau
faire, multiplier les insinuations perfides et empoi-
sonnées, chercher à ranimer le tison des anciennes

querelles : nous affirmons qu'on n'y réussira pas.
Ces tentatives mêmes sont une preuve de plus que
l'union étroite et sincère, l'union loyale, est une
nécessité primordiale pour les républicains.

Oui, nous maintiendrons l'accord, l'accord indispensable. Le passé est le passé avec ses fautes et
ses erreurs qui n'appartiennent plus qu'à l'histoire :
le présent seul nous occupe. D'un bout à l'autre de
l'armée républicaine, nous n'avons qu'un programme, qu'un mot d'ordre : sauver la liberté. Nous
la sauverons. C'est la bataille pour la vie, et rien ne
nous coûtera pour la gagner. L'évêque Turpin, pendant la tempête, disait à l'empereur Charlemagne :
« J'aime mieux manger le poisson que d'être mangé
« par lui. » Tant pis si l'on nous accuse de devenir
cléricaux ! nous suivrons la politique de l'évêque
Turpin...

AUTRE MONOPOLE

1ᵉʳ juin.

Le Lilliput politique qui s'est détaché du centre gauche et, trouvant ce nom trop radical, ne s'appelle plus que l'Union libérale, est reparti en guerre contre nous. La *République française*, paraît-il, a commis, une fois de plus, le plus grand des crimes. « D'un bout à l'autre de l'armée républicaine, a-t-« elle dit, nous n'avons qu'un programme, qu'un « mot d'ordre : sauver la liberté. » C'est à ne pas croire, mais c'est ainsi : telle est textuellement la phrase incriminée, guillemetée avec horreur par le *Journal des Débats !* Nous ne disons pas *raca* à tous les républicains qui ne pensent pas comme nous sur. toutes les questions ; donc, nous ne sommes pas dignes de pénétrer dans le temple de la Modération : le dragon-portier de la rue des Prêtres nous en fait défense. Entre un candidat radical, alors même qu'il se prononce pour la séparation des Églises et de l'État, comme faisait M. Léon Say, en 1869, et un candidat royaliste ou boulangiste, nous n'hésitons pas une minute : nous combattons

de toutes nos forces le candidat boulangiste ou royaliste au profit du candidat républicain. « Cela suffit,
« dit le *Journal des Débats*, la cause est entendue.
« Vous ne servez pas les idées modérées ; vous les
« discréditez, vous les compromettez et vous les
« perdez. »

Le *Journal des Débats* est rédigé par des hommes
de beaucoup d'esprit ; dans le livre de son Centenaire qui vient de paraître, il nous apprend que, sur
sept cents rédacteurs connus depuis un siècle, cent
trente-deux ont fait partie de l'Institut ; — soit dit
en passant, il eût été également curieux de nous
dire combien le *Journal des Débats*, depuis cent ans,
a donné de fonctionnaires à tous les régimes suc-
cessifs, au second Empire comme aux ministères
les plus radicaux de la République ; — mais le talent n'est pas tout, et le talent, même le plus aca-
démique, n'empêche pas toujours les gens de verser
dans le ridicule. Quoi de plus saugrenu, par exemple, que cette prétention du *Journal des Débats*
d'avoir le monopole de la modération, de savoir seul
le secret de la modération et de ne permettre à
personne de se dire « modéré » qui n'a pas commencé par souscrire à tous les articles du syllabus
de M. Georges Picot ! Nous avons connu et nous
avons vu finir en police correctionnelle une Ligue
qui avait la prétention de monopoliser le patriotisme : hors M. Déroulède et les fakirs qui avaient
juré de lui obéir aveuglément, personne, en France,

n'avait plus droit au titre de patriote. Le *Journal des Débats* récidive la même sottise, il veut accaparer la modération comme un simple cuivre : nul ne sera modéré s'il ne baise d'abord la patène de M. Barboux ; refuser d'épouser les rancunes, les préjugés et le pédantisme de la minuscule coterie dont M. John Lemoinne s'est éloigné depuis longtemps et dont M. Ribot s'écarte avec un soin jaloux, c'est discréditer et perdre les idées modérées : le *Journal des Débats* est seul breveté, il a inventé la modération comme M. Géraudel ses pastilles, et quiconque se dit modéré en dehors de la chapelle, est un contrefacteur digne de tous les mépris.

On peut relever, une fois pour toutes, des prétentions aussi singulières ; on ne les discute pas. N'en déplaise aux rédacteurs de plus en plus modérément républicains du *Journal des Débats*, nous sommes et nous resterons des modérés. N'en déplaise aux petits sectaires de la rue des Prêtres, nous sommes et nous resterons des admirateurs de M. Thiers dont on aurait voulu, il y a quelques jours, accaparer la mémoire et la statue, ce que nous n'avons pas permis. N'en déplaise aux éminents fondateurs de l'Union libérale, nous resterons, sans leur bénédiction, dans l'avenir comme par le passé, les défenseurs résolus des idées de justice, de tolérance, de liberté. Quant à la question du second tour de scrutin, qui ne cesse de hanter comme un cauchemar la cervelle de nos hono-

rables contradicteurs, elle n'a jamais été plus simple
qu'aujourd'hui. Devant la coalition de tous les partis
de monarchie marchant au combat sous la bannière
de M. Boulanger, je pense qu'il ne faut pas attendre
le second tour de scrutin pour faire l'union des républicains. Il est inutile de se disputer pendant trois
semaines, à la façon des héros d'Homère, pour en
arriver quand même, devant le péril commun, sous
peine de trahison, à ce qu'on a appelé d'un mot bar-
bare « la concentration ». C'est dès le premier tour
qu'il faut faire l'union de tous les républicains,
dans chaque arrondissement, sur le nom qui offre le
plus grand nombre de chances de succès. Cet accord
imposera certaines obligations au candidat, radical
ou progressiste ou modéré, quel qu'il soit ; il tiendra
compte du pas que les uns et les autres auront fait
vers lui ; il devra faire en sorte que l'union ne soit
une capitulation pour personne. Le programme des
élections de 89 est-il aussi bien le plus simple du
monde : défendre la République contre l'assaut furieux de ses ennemis.

Que si, cependant, plusieurs candidatures républicaines se produisaient quand même, dans certains
arrondissements, au premier tour, le devoir, au second tour, sera plus que jamais clair et net : il sera
demain ce qu'il était hier, la réunion de toutes les
voix républicaines sur le candidat républicain qui
aura obtenu, au premier tour, le plus grand nombre
de voix. Avant tout, par-dessus tout, il faut battre la

réaction et le boulangisme. Le gouvernement promet de faire son devoir ; il ne désertera pas la lutte comme en 1885 ; il donnera de toutes ses forces contre cette détestable coalition ; il frappera les fonctionnaires infidèles qui pactiseront avec l'ennemi ; il dira partout, et très haut, que la République est un gouvernement qui sait se faire respecter, quand elle le veut, et il le prouvera. Mais si le gouvernement fait son devoir, les républicains, eux aussi, feront le leur, et le premier devoir, c'est l'union contre la hideuse menace de pouvoir personnel et de réaction.

Nous combattrons avec la même énergie les candidats qui ne se prononceront pas résolument contre l'entreprise boulangiste et ceux qui ne prendront pas l'engagement de faire l'union, au second tour, contre les candidats de M. Boulanger.

4 juin.

On cherche à expliquer au *Journal des Débats* que, si les républicains doivent recommencer à se battre entre eux, il serait plus simple de rappeler tout de suite M. Boulanger : aussitôt M. Heurteau vous accuse d'être le complaisant de la Commune et le lieutenant de M. Félix Pyat. « Je te joue cent mots au piquet, disait un jour Castagnary à Jules Vallès, je gagne et tu ne peux plus écrire une page. » Je jouerais au *poker*, jeu plus distingué, les noms de

MM. Basly, Camélinat et Pyat; le *Journal des Débats* ne pourrait plus écrire un article.

En attendant, je me consolerai par la pensée que, sur cette question de l'union indispensable des républicains contre l'ennemi commun — alliance qui ne comporte aucune abdication, — je ne déraisonne pas autrement que MM. John Lemoinne, Hébrard et Ribot qui sont, eux aussi, comme chacun sait, des communards notoires et des pétroleurs très dangereux.

LE DISCOURS DE M. FERRY

7 juin.

M. Jules Ferry a rompu hier un long, un trop long silence de quatre années ; il est intervenu dans le débat sur le budget de l'instruction publique par un grand discours. Avec sa théorie des virginités qui se refont, Marion Delorme appellerait ce discours *a maiden speech*. Je suis de ceux qui, depuis longtemps, souhaitaient que M. Ferry reprît à la tribune de la Chambre des députés la place qui lui appartient. S'il l'a reprise hier avec un grand éclat, il me sera permis de penser qu'il l'eût reprise aussi facilement, et plus utilement encore, dès le début de la législature qui va finir.

On avait dit et prédit que M. Ferry ne pourrait pas parler devant la Chambre de 1885, que l'indignation des citoyens irréprochables qui cherchent leur inspiration dans l'*Intransigeant*, dans la *Lanterne* et dans l'*Autorité* lui fermerait la bouche. Il n'en a rien été et, après une courte attaque d'épilepsie de M. de Baudry-d'Asson, l'ancien président du conseil a occupé pendant trois heures d'horloge la tribune où il a dit exactement et jusqu'au bout tout ce qu'il voulait dire.

M. Ferry, sans doute, a été fort habile. Il a commencé... comment dirai-je ?... par *insensibiliser* l'Assemblée. La malignité de la Droite et celle de la boulange étaient à l'affût ; elles ont eu beau guetter, elles n'ont pas réussi à trouver dans toute la première partie de ce beau discours une phrase, un mot où accrocher quelque jolie scène de désordre. Je ne crois pas que l'œuvre scolaire de la République, œuvre qui, pour une si grande part, est celle de M. Jules Ferry, ait jamais été exposée, vengée des injures et des calomnies de toute espèce, avec plus de force et de vigueur. L'orateur est de la belle école classique : ce n'est pas lui qui dira jamais des faits qu'il les méprise ; ce n'est point par de grands mots, c'est à la seule lumière des faits implacables qu'il a rétabli la vérité. Chiffres en main, il a montré la République donnant à l'enseignement supérieur les chaires, les bibliothèques, les laboratoires qui lui manquaient, donnant aux professeurs, par des traitements honorables, l'indépendance nécessaire. Il a exposé ensuite, en appuyant chaque phrase d'un document, la réforme de l'enseignement secondaire, la création de l'enseignement des filles. Il a tracé enfin le magistral tableau des Assemblées républicaines réalisant le rêve de la Révolution, couvrant la France d'écoles, faisant une vérité de la triple formule née, vers la fin de l'Empire, dans l'humble village d'Alsace où Jean Macé était instituteur : l'instruction primaire obligatoire, gratuite et laïque.

M. Ferry, après ce plaidoyer vengeur, aurait pu descendre de la tribune. On l'avait défié de reprendre la parole devant la Chambre ; il l'avait prise et, sur presque tous les bancs de la majorité, les mêmes applaudissements avaient éclaté. Cela eût pu suffire à un autre ; mais la vertu dominante de l'homme d'Etat est le courage, et personne ne la possède à un plus haut degré que M. Ferry.

Le député des Vosges a donc abordé résolument la question religieuse : il défend, il défendra toujours l'école laïque et neutre ; il repousse la séparation des Eglises et de l'Etat ; il veut la paix religieuse, la justice et la tolérance pour tous. Et, là-dessus, à l'extrême gauche et à droite, la tempête a éclaté.

Je n'ai rien à dire aux députés de l'extrême

gauche, qui poussent des hurlements quand un
orateur républicain vient défendre devant eux le
Concordat, sinon qu'ils se moquent du monde.
Comment! le parti radical vient d'être aux affaires
pendant presque toute la durée de la législature
avec ses chefs les plus éminents, M. Goblet,
M. Lockroy, M. Floquet, M. Peytral ; et qu'a-t-il
fait, alors qu'il était le maître, pour hâter d'une
heure la solution qu'il déclare, sur le papier, indispensable et urgente? Non seulement il n'a point
proposé la séparation des Églises et de l'État, mais,
régulièrement, à chaque budget, il a réclamé le vote
des crédits des cultes.

Je sais bien que ceux des radicaux qui n'étaient
pas ministres — ils ne pouvaient pourtant pas
l'être tous à la fois! — votaient *contre*. Mais les
autres, ceux qui avaient un portefeuille sous le
bras, ont-ils hésité une minute, une seule, à laisser
le principe au logis et à voter les crédits concorda-
taires? Délicieux principe, en vérité! Ministres,
vous êtes les défenseurs résolus du Concordat ;
simples députés vous lapidez les défenseurs du
Concordat! Et vous voulez que nous prenions vos
clameurs au sérieux.

Quant aux protestations furibondes de la droite
lorsque M. Ferry a protesté de son attachement à
la noble cause de la paix religieuse, elles prouvent
seulement que le parti républicain, s'il tient à
achever la déroute des partis de réaction, n'a pas

de devoir plus impérieux que d'entrer résolument dans la voie qui lui a été indiquée par l'orateur d'hier. Faites la paix religieuse, la paix sincère et loyale, la paix complète, et vous n'accomplirez pas seulement une œuvre d'équité, vous enlèverez encore à la droite son dernier tremplin. Les tracasseries bêtes, les vexations inutiles, les mille et un coups d'épingle où se complaisent les Homais de l'intransigeance, c'est, depuis longtemps, le plus clair du revenu électoral des partis de monarchie. Ils ont mis leur drapeau dans leur poche, mais ils étalent aux yeux des populations, dans d'affreux tableaux, les hauts faits du conseil municipal de Paris, les sœurs chassées du lit des malades, le nom de Dieu proscrit des vers de Voltaire et de Victor Hugo...

Mettez un terme à ces méchancetés et à ces sottises, que restera-t-il à la réaction ? Ces gens-là vivent des tracasseries religieuses, et vous vous obstineriez à les engraisser ! Mais si ce n'est pas par esprit de justice, renoncez au moins par politique à ces vilaines inepties...

LA PIE AU NID

9 juin.

Une simple pierre noire ne suffirait pas ; les boulangistes peuvent marquer la journée d'hier d'un véritable rocher. A l'aube, M. Reichert, sous-intendant militaire, a été écroué, en vertu d'un mandat de dépôt délivré par la commission des Neuf ; à midi, la Cour d'appel a réformé le jugement de la 9° chambre dans l'affaire des diffamateurs de M. de Beaurepaire, condamné à la prison et à l'amende M. de Rochefort, directeur de l'*Intransigeant*, et ses principaux complices du *Gaulois*, de l'*Autorité* et du *Triboulet* ; au crépuscule, M. Gilly, le foudrier qui était le bras droit du « général » dans sa campagne de calomnies fangeuses contre la République, le « justicier » de M. Andrieux, est entré pour six mois à Sainte-Pélagie. Et, tout le temps, du matin au soir, la cantine de M. Boulanger, qui a été saisie jeudi, n'a cessé de parler devant la commission de la Haute Cour.

Il y a, paraît-il, une différence extraordinaire entre les discours de M. Boulanger et ceux de sa

15.

cantine. Le contumax de Londres n'a jamais pu
ouvrir la bouche sans affirmer exactement le contraire de la vérité ; la cantine, elle, ne sait pas mentir. M. Boulanger aime les phrases ronflantes et
creuses ; la cantine n'avance que des faits irréfutables. L'ami de M. Vergoin professe qu'il attend
tout du suffrage universel ; la cantine démontre
qu'il a compté sur d'autres concours et les a même
escomptés. Une seule analogie paraît certaine : que
ce soit M. Boulanger ou que ce soit la cantine qui
parle, les républicains qui écoutent ne peuvent
contenir leur indignation et leur dégoût. Quoi ? c'est
entre les mains de cet homme, d'un tel homme, que
la démocratie affolée, aveuglée, trompée, a failli se
jeter, abdiquer sa liberté, perdre l'honneur ! Et
c'est cet homme que les anciens partis de monarchie suivent encore comme leur chef, qui est encore
le factotum de leurs princes ! Quand M. Boulanger
parle, on rougit de honte à cette pensée ; quand
c'est la cantine, on ne sait plus où se cacher de confusion.

Combien de temps parlera la cantine ? S'il faut
en croire les bruits qui couraient hier dans les couloirs des deux Chambres, le discours sera aussi long
que redoutable. M. Ferrouillat, quand il faisait
partie de l'Assemblée nationale, a discouru une
fois, à la demande de Gambetta, pendant deux
séances d'affilée ; il paraît probable que l'éloquence
de la cantine sera de plus longue haleine encore et

que sa confession durera une bonne semaine. La
commission des Neuf devait déposer son rapport
dans cinq ou six jours ; voilà le rapport retardé,
dit-on, jusqu'au mois de juillet. Je conçois tout ce
que ce retard a de pénible pour les intéressés ; il
faudra cependant qu'ils se résignent. Ah ! la Haute
Cour n'avait rien, rien, ce qui s'appelle rien, pas
une preuve, pas la plus petite preuve ! Encore une
illusion qui s'envole ! Hier, la Haute Cour pouvait
combler le chef de la conspiration césarienne des
preuves les plus terribles ; demain elle l'en va ac-
cabler — et ce ne sera pas pour jouer la *Clémence
d'Auguste.*

M. le président Merlin a tout simplement saisi la
pie au nid.

LA VÉRACITÉ DE M. BOULANGER

16 juin.

1° L'agence Havas publie la note suivante :

Dans une conversation qu'il a eue avec un rédacteur du *Figaro*, le général Boulanger dit qu'aux approches de l'incident Schnœbelé il avait armé 600,000 hommes ou 900,000 hommes de l'armée territoriale, tant avec les armes en magasin qu'avec celles qui devenaient libres par suite de l'abandon du fusil Gras par l'armée active au fur et à mesure que se fabriquait le fusil Lebel.

L'incident Schnœbelé remonte à la date du 20 avril 1887. Or, nous sommes en mesure d'affirmer qu'à cette date il n'existait pas plus de 20,000 fusils Lebel, et, pour bien préciser, dans ce chiffre de 20,000 nous comprenons non seulement les fusils Lebel livrés aux différents dépôts, mais aussi les fusils Lebel en cours de fabrication.

La note de l'agence Havas émane évidemment du ministère de la guerre ; elle est doublement instructive. Non seulement elle démontre la fausseté matérielle des assertions de M. Boulanger dans son interview du *Figaro*, mais elle apprend encore que la fabrication du fusil Lebel, dont M. Boulanger avait fait une si violente réclame, était à peine commencée quand ce personnage quitta le ministère

de la guerre, quinze jours après l'incident Schnœbelé.

2° La *Jeune République* publie l'interview suivant
de M. Grévy :

— J'ai eu deux fois, je crois, dit M. Grévy, une entrevue avec
le général Boulanger, mais il me serait difficile de me rappeler
ce qui ressortit de notre conversation, qui roula plutôt sur des
projets que sur des créations immédiates.

— Cependant, le général Boulanger affirme que vous avez
signé sous la réserve que le plus grand secret devrait être gardé
entre vous et lui.

— Monsieur, nous répond le président, je n'ai jamais, vous le
savez, agi en secret, et tout ce que j'ai dit et fait a été publié ;
par conséquent, ce mot secret est fait pour me mettre en
garde.

— Le général Boulanger affirme cependant que ce décret, aussitôt signé, avait été remis à M. l'intendant Raison.

— Il m'est impossible, Monsieur, vous le comprenez, de me
rappeler toutes les propositions de décrets qui m'ont été sou-
mises. *Tout ce que je puis vous dire, c'est que je ne me rappelle
nullement l'entrevue que l'on m'attribue avec le général Boulanger, et surtout au sujet de la mobilisation.*

3° Autre interview de M. Grévy dans le *Radical :*

M. Grévy n'avait pas encore connaissance de l'article du
Figaro.

Notre collaborateur le lui montra. Le président le lut d'un
bout à l'autre, réfléchit longuement et répondit .

— J'ai eu deux fois, je crois, l'occasion de m'entretenir avec
M. le général Boulanger, mais je n'ai conservé de cette démarche-
là aucun souvenir; d'un décret signé par moi, dans pareille circonstance, moins encore.

Notez que je ne veux pas nier la chose : il faudrait faire des
recherches qui me sont impossibles comme à vous. Cependant,
c'est bien grave, cela... Voyons...

Et après un instant encore de réflexion :

— Eh bien! non, je n'ai pas souvenance de ce décret.

4° On lit enfin dans le *Journal des Débats :*

S'il avait suffi, pour doter l'armée française des 600,000 hommes de complément dont il s'agit, de commander précipitamment une centaine de mille blouses du genre de celles qui ont si peu habillé nos mobiles en 1870, M. Boulanger aurait quelque raison de triompher si bruyamment.

Par malheur, il aurait fallu leur donner en même temps les cadres dont ils étaient totalement dépourvus, — petit détail dont l'ex-ministre ne paraît pas se préoccuper maintenant plus qu'il ne s'en préoccupait alors, — et il aurait fallu aussi leur donner des armes, ce qui n'était pas aussi facile que le fait supposer l'auto-panégyrique communiqué au *Figaro*.

En effet, pour que l'armée active abandonnât ses fusils Gras, non pas même à la réserve de l'armée territoriale, mais seulement à l'armée territoriale, il aurait été indispensable qu'elle eût reçu les nouveaux fusils dont elle n'est pas encore complètement armée à l'heure qu'il est.

Nous concevons que, à force de faire répéter par ses thuriféraires qu'il avait imprimé à la fabrication des armes de petit calibre une activité extraordinaire, M. Boulanger ait fini par se persuader que les troupes en étaient pourvues de son temps; mais la vérité est que cette fabrication n'était guère aussi fiévreusement poussée que dans les feuilles à sa dévotion et qu'elle était à peine amorcée quand son successeur, le général Ferron, a pris enfin des mesures sérieuses pour développer la production de nos manufactures d'armes.

La réserve de l'armée territoriale n'était donc pas « créée de toutes pièces »; elle n'existait que dans l'imagination de M. Boulanger, — tout comme l'armement perfectionné de l'armée d première ligne, sous sa néfaste administration.

Et quand il ajoute lui aussi : *Nous étions prêts!* avec une audace qu'explique à peine son inconscience, il nous force à lui rappeler qu'en bouleversant tout notre système de mobilisation par l'institution des fameux régiments de couverture (qui consistait à désorganiser complètement deux cents bataillons pour s'en procurer soixante à bref délai), il n'avait rien négligé de ce qui pouvait assurer l'insuccès de la France dans la guerre à laquelle il poussait (d'un cœur si léger), pour employer une autre expression de l'époque, où il semble que cet incomparable organisateur de la défaite va chercher de préférence ses auteurs et ses modèles.

On ne peut pas dire de M. Boulanger : « Vérité en deçà des Pyrénées, mensonge au delà. » Avec lui, en deçà et au delà de la Manche, c'est toujours mensonge.

CONSTATATIONS

17 juin.

Les journaux de droite s'amusent, depuis quelques semaines, au petit jeu innocent que voici :

M. Clémenceau, député de l'extrême gauche, prononce un brillant discours dans le débat sur le budget des affaires étrangères ; il est applaudi par les députés qui partagent son sentiment et aussi par des députés qui goûtent l'éloquence fine et acérée de l'orateur ; aussitôt les journaux de droite s'écrient en chœur :

M. Clémenceau est le chef de la majorité ; la majorité est à la remorque du radicalisme !

Quelques jours plus tard, discours de M. Jules Ferry, député de l'Union des gauches, dans le débat sur l'instruction publique ; il est applaudi par les députés qui sont résolus à conserver intacte l'œuvre scolaire de la République et par tous ceux qui pensent, avec Béranger, que la liberté veut qu'on puisse aller même à la messe ; aussitôt le même orphéon chante à tue-tête :

M. Ferry est le chef de la majorité ; la majorité est à la remorque de M. Ferry !

Même antienne pour M. Ribot, pour M. Goblet, et, demain, après-demain, même comédie à l'occasion, pour peu que M. Floquet ou M. Brisson prononcent des discours qui reçoivent un accueil favorable sur un plus ou moins grand nombre de bancs républicains.

Le jeu de la Droite est bien simple : il s'agit d'identifier, devant le pays, le parti républicain à un homme politique dont le nom ait été mêlé aux querelles ardentes des dernières années et qui, dans le parti républicain lui-même, compte de vives hostilités.

Le malheur pour la Droite, c'est que les faits manifestes, tangibles, visibles à l'œil nu, donnent à ses assertions le démenti le plus catégorique.

M. Goblet, M. Floquet, M. Jules Ferry, M. Clémenceau, M. Ribot sont aujourd'hui, comme hier,
des orateurs d'un grand talent, — il est permis d'a-
voir ses préférences — mais ni l'un ni l'autre n'est
actuellement un chef, un *leader*, dans l'acception
ordinaire de ce mot, un général parlementaire exer-
çant un pouvoir régulier sur des troupes discipli-
nées, ce qu'ont été, en d'autres temps, Gambetta ou
M. Thiers.

C'est là un bien ou c'est là un mal, je n'en discute
pas ; je constate un fait. Quand je dis : *Il pleut*, je
ne fais pas pleuvoir ; je constate qu'il tombe de
l'eau. Je constate ainsi que M. Ribot, M. Clémenceau, M. Ferry, M. Floquet ne sont à aucun titre
les *chefs* du parti républicain.

Et je constate, de même, que si le parti républicain a aujourd'hui un chef, ce chef est le même
pour la majorité républicaine de chacune des deux
Chambres et que ce chef n'appartient à aucune des
Chambres : c'est M. Carnot.

Est-ce un bien, est-ce un mal que le chef de l'É-
tat soit, à la fois, celui d'un grand parti politique ?
Je n'en discute pas davantage, je constate. Mais
c'est là encore un fait certain, qu'il est impossible
de nier, qui s'impose à tous, que l'on reconnaît partout à l'étranger.

Dans la grande bataille qui est engagée entre le
parti républicain, d'une part, depuis MM. Clémenceau et Floquet jusqu'à MM. Ribot et Ferry, contre

la coalition des partis orléaniste, bonapartiste et
boulangiste, depuis MM. de Cassagnac et de Rochefort jusqu'à MM. Andrieux et de Mun, le chef
des républicains, de tous les républicains, est
M. Carnot, comme le chef des coalisés est M. Boulanger.

Les faits, dit un proverbe anglais, sont des choses
entêtées ; un proverbe grec ajoute même qu'il est
stupide et inutile de récriminer contre les faits,
parce que cela ne leur fait rien du tout ; voici un
fait :

M. Carnot est le chef, le seul chef des républicains.

Voici un autre fait :

*M. Boulanger est le chef de toute la coalition con-
tre le gouvernement de la République.*

Chantez, criez, protestez, vociférez, démentez,
injuriez, hurlez, faites tout ce qu'il vous plaira :
vous ne changerez rien à ces deux faits, qui sont
l'évidence même.

AVANT LA BATAILLE

M. Joseph Reinach, de passage, le 30 juin, à Avignon, avait été invité, le soir, à un punch par le cercle républicain. La presque totalité des membres du cercle assistait à la réunion.

Dans une allocution qui a été vivement applaudie, M. Denis, président, a présenté à ses collègues M. Joseph Reinach, qui a répondu en ces termes :

Je vous remercie, Messieurs, de ces applaudissements ; ils ne s'adressent pas à ma personne ; ils s'adressent à la cause que je n'ai pas cessé de défendre et qui est aujourd'hui, d'un bout à l'autre du territoire, la cause de tous les républicains, sans distinction de nuances ni de groupes, la cause de tous les patriotes clairvoyants, unis contre la Ligue du mal public, contre le syndicat de toutes les réactions que le dernier des aventuriers a lancées à l'assaut de la République et de la Liberté.

Messieurs, c'est notre cause qui triomphera... Entendons-nous bien : je ne crois pas qu'il suffise de souhaiter la victoire pour la remporter ; il faut la mériter, et si vous voulez réfléchir aux défaites d'hier, si vous voulez, interrogeant vos consciences, vous demander pourquoi nous avons été vaincus si souvent depuis quelques années après avoir été si longtemps vainqueurs sur toute l'étendue du champ de bataille, vous reconnaîtrez sans peine quelles fautes nous ont précipités dans ces humiliations et dans ces dangers, et, par conséquent, quelle est la conduite qui s'impose à nous pour reprendre l'avantage sur nos ennemis.

Nous avons été vaincus parce que nous avons été désunis, parce que nous nous sommes battus entre nous sur de vaines et détestables questions de personnes : il faut refaire l'union féconde du 24 Mai et du 16 Mai.

Nous avons été vaincus parce qu'un trop grand nombre de républicains avaient oublié que l'établissement de la République, nous le devions d'abord à l'esprit de modération et de justice. « L'avenir, avait dit M. Thiers, sera aux plus sages. » Nous avions été les plus sages, nous avions conquis l'avenir, et alors... Alors vous savez ce qui s'est passé, et tout a été de nouveau compromis. Il faut, une fois de plus, redevenir les plus sages.

Nous avons été vaincus, enfin, parce que le gouvernement de la République avait cessé d'être un gouvernement, qu'il avait brisé lui-même ou laissé rouiller lui-même les armes que la Loi et que le Droit de légitime défense, avant la Loi même, lui avaient données pour assurer la paix et le respect

de la Constitution, parce que la Licence avait pris
la place de la Liberté, parce que tout était permis
aux factions enhardies contre la République et
contre les républicains, parce que la République
n'avait pas plutôt reçu un soufflet sur la joue droite
qu'elle tendait l'autre joue aux insulteurs. Eh bien !
il faut que le gouvernement de la République re-
devienne — et je crois qu'il est en bonne voie de
redevenir — un gouvernement! (*Applaudissements.*)

Le salut est là, Messieurs, il ne peut pas être
ailleurs. Passons l'éponge sur nos vieilles et stériles
querelles, reprenons la belle devise de Mirabeau :
« Être juste et modéré ! » rendons à la République,
pour qu'elle en fasse usage, les armes qu'elle avait
laissé tomber de ses mains, et alors la victoire est
certaine ; je n'en veux pour preuve que ce réveil du
parti républicain tout entier, qu'il n'est pas plus
permis de méconnaître que la lumière même du
soleil ; je n'en veux pour preuve que cette ardeur
virile pour le bon combat, qui est partout, qu'on
respire dans l'air même, qui anime et excite la jeu-
nesse trop longtemps indifférente et sceptique, qui
éclate, depuis quelques mois, jusque dans les campagnes les plus lointaines, les plus écartées du
mouvement politique, mais qui n'ont pas oublié que
la dictature c'est la guerre, et qui ont reconnu, sur
les murs de leurs chaumières à peine rebâties,
l'ombre de Brumaire et de Décembre qui s'élargis-
sait de nouveau ! (*Vifs applaudissements.*)

Messieurs, quand je dis que la victoire est certaine si nous savons éviter de retomber dans les erreurs d'hier pour rentrer dans la voie droite et large d'où trop de républicains s'étaient imprudemment écartés, je ne méconnais cependant aucune des difficultés de la situation. Je sais que nous avons devant nous des adversaires sans scrupule comme ils sont sans conscience ; que tous les moyens leur sont bons pour parvenir, la calomnie et la diffamation comme la menace, la corruption et le tumulte dans la rue ; je sais que ceux d'entre eux qui se disent encore républicains ne reculent devant aucune alliance ; je sais que leurs alliés, les hommes des partis de monarchie, ont perdu depuis longtemps toute pudeur et qu'ils ont fait de leurs traditions libérales d'autrefois, de leurs principes parlementaires, de leur probité politique, de la Charte de 1830 comme du drapeau blanc aux fleurs d'or, une litière pour le cheval noir ; je sais qu'ils ont à leur service une presse puissamment organisée et des ressources aussi nombreuses qu'inavouables...

Je sais tout cela, Messieurs, mais je sais aussi — et ce ne doit pas être une des moindres raisons de notre confiance — que l'équivoque qui a si longtemps enveloppé cette aventure et protégé cette bande, que cette équivoque est dissipée, qu'elle est dissipée partout ; — qu'aujourd'hui, pour nier la conspiration qui menace les libertés publiques, il ne suffit plus d'être aveugle, qu'il faut être complice ; — je sais que nous ne combattrons plus, comme nous avons combattu il y a quelques mois encore, dans l'obscurité ; que la bataille ne s'engagera plus dans les ténèbres, qu'elle se livrera au grand jour, en pleine lumière, sans confusion possible : ici, tous les soldats de la République et de la Liberté, et là tous leurs ennemis. (*Applaudissements.*)

Messieurs, cette équivoque qui faisait prendre à tant de braves gens cet ennemi le plus redoutable et le plus acharné de la République pour un républicain, ce charlatan, ce jouisseur éhonté pour un soldat patriote, cette équivoque, parmi tous les dangers qui nous menaçaient, était celui qui nous causait le plus d'angoisses. Eh bien, l'équivoque n'existe plus et — permettez-moi de le dire, je viens de le constater sur place — elle est encore plus entièrement dissipée dans les campagnes que dans les villes.

Dans les villes où, du moins dans certaines villes, les déclarations ultra-radicales, socialistes, révolutionnaires, de ceux des lieutenants de M. Boulanger qui sont plus spécialement affectés à cette besogne, — car M. Boulanger a deux espèces de lieutenants, ceux qu'il emmène dîner, à Paris, chez les duchesses et chez les vieilles pairesses, à Londres, et ceux qu'il envoie manger le veau démocratique dans les faubourgs, — ces déclamations peuvent faire encore illusion à quelques groupes d'ou-

vriers. Mais, dans les campagnes, l'hésitation même
est impossible.

Qui célèbre aujourd'hui M. Boulanger comme
un sauveur, comme le vengeur attendu ? Qui s'en
va, de hameau en hameau, de ferme en ferme, de
porte en porte, prôner les candidats boulangistes :
M. Turquet, dans l'Aisne ; M. Thiessé, dans la
Seine-Inférieure ; M. Andrieux et M. Proal, dans
les Basses-Alpes ; M. Laguerre et M. Saint-Martin,
dans le département de Vaucluse ? Le dernier
paysan les connaît : ce sont les mêmes qui faisaient
voter *oui* au plébiscite de l'Empire ; les mêmes qui,
sous le gouvernement de l'ordre moral, croyant
déjà l'ancien régime revenu, traquaient, dénon-
çaient, outrageaient, persécutaient de toutes ma-
nières quiconque osait, sous la République, se dire
républicain. Ce sont les mêmes, le même préfet ou
sous-préfet de l'Empire, le même hobereau, le même
Ratapoil, le même Basile, le même Tartufe. Eh
bien ! Jacques Bonhomme n'est pas celui qu'on
croit à Londres, il reconnaît les pèlerins, il ne se
laisse pas prendre à l'hameçon ! (*Très bien ! très
bien !*)

Et puis, il y a encore autre chose, il y a encore
un autre masque qui a été arraché à M. Boulanger
depuis quelques semaines. M. Boulanger, en effet,
n'avait pas pris seulement le masque républicain :
il s'était encore présenté à la grande masse laborieuse, passionnément éprise de tranquillité, qui est

le fond et le tréfond de ce pays, comme le restaurateur de la paix publique et de l'ordre. Ce beau général qui, sur les imageries coloriées, passait étincelant de broderies et de croix, la plume au vent, la main sur la garde de l'épée, devant les régiments qui présentaient l'arme et inclinaient les drapeaux frisonnants, ce n'était pas seulement le dieu de la guerre, l'inventeur du fusil Lebel et de la mélinite, la terreur de M. le prince de Bismarck. Mais c'était encore et surtout l'homme de l'autorité forte et respectée, le premier consul qui apaiserait les factions et rendrait au travail le calme et la sûreté dont il a besoin, le « gendarme idéal ». Or, cet homme qui devait être l'Ordre, il est le Désordre, le Désordre dans ce qu'il a de plus brutal et de plus grossier, dans ce qui répugne le plus, — le désordre dans la rue...

Je viens de suivre, depuis plusieurs semaines et dans les régions les plus variées, l'effet des derniers incidents de la politique boulangiste sur l'opinion dans les campagnes ; je ne serai démenti par aucun de ceux qui se sont donné la peine de voir les choses de près : la fuite même de M. Boulanger, cette fuite honteuse et vile d'un chef de parti qui abandonne ses amis, ne pensant qu'à sa propre sûreté, soucieux seulement de pouvoir continuer sa vie de plaisirs et de galanteries, cette fuite de M. Boulanger, avant même que la demande de poursuites ait été déposée et qui témoigne si publiquement de la parfaite sérénité de sa conscience, je n'hésite pas à affirmer qu'elle a produit un effet moins prompt et moins décisif que les récents tumultes d'Angoulême et de Béziers, la manifestation insurrectionnelle du lac Saint-Fargeau et le pistolet sortant de la poche de M. Andrieux, à la séance de la Chambre où un autre boulangiste traitait ses collègues de « canailles ».

Quoi ! ces hommes qui passent leurs dimanches à se colleter dans les rues avec les officiers de paix, qui ne peuvent plus ouvrir la bouche sans vomir des flots d'outrages contre les représentants de l'autorité, qui proclament la révolte en public et qui n'ont plus d'autres arguments que les voies de fait, ce sont là les amis, les confidents intimes, les futurs ministres de M. Boulanger !...

Messieurs, j'ai l'habitude de respecter les décisions de justice, alors même que les juges de correctionnelle qui les rédigent dans le plus pur charabia ne semblent pas précisément hommes à repousser avec dégoût l'idée d'être un jour ou l'autre conseillers avec M. Boulanger. Mais j'affirme que ce n'est pas seulement à cent francs d'amende qu'un jury de douze paysans eût condamné M. Déroulède et M. Laguerre. (*Vifs applaudissements.*)

Et je ne parle pas d'autres scandales, de celui, par exemple, qui a éclaté, la semaine dernière, dans un procès en escroquerie, — de ce journaliste, fine fleur du boulangisme royaliste et mondain, (1) com-

(1) Affaire Jacques Meyer — Arthur Meyer.

monsal ordinaire du brav'général et de M. le comte
de Paris, qui sollicite d'un détenu la fabrication de
fausses pièces contre les ministres républicains,
promettant tout l'argent qu'on voudra et la liberté,
l'impunité plénière en récompense, quel que soit le
régime, empire, monarchie ou boulangérat, qui
succède à la République. Il s'est trouvé, ce jour-là,
que l'escroc était plus scrupuleux que le boulangiste.
En avez-vous été surpris ? (*Vifs applaudissements.*)
Mais, sans entrer davantage dans le détail de ces
écœurantes histoires, il m'est bien permis de dire
que le boulangisme n'a plus pour vivre que le scandale et de prédire que le scandale, une fois de plus,
se retournera contre ses auteurs.

A quoi bon, d'ailleurs, insister davantage dans
cette réunion ? Messieurs, vous n'êtes pas de ceux
qu'il soit nécessaire de convaincre ; vous êtes, vous
n'avez jamais cessé d'être des républicains fermes
et prudents, résolus et perspicaces ; vous êtes de
ceux qui ne sont jamais laissé prendre aux hâble-
ries des démagogues, ayant flairé que ceux qui adu-
lent et flagornent le peuple, au lieu de lui tenir le
mâle langage de la vérité, le seul qu'on doive au
souverain, n'hésiteront jamais à devenir, à la première occasion propice, les courtisans et les sup-
pôts des dictateurs.

Vous continuerez, Messieurs, ce bon combat ;
vous chasserez de la représentation de ce département les traîtres qui, déchirant leur mandat, ont

passé, avec armes et bagages, au camp de l'ennemi de la République. (*Applaudissements.*)

Encore quelques semaines de patience: votre jour viendra, le jour où vous réhabiliterez devant la France républicaine le département de Vaucluse, où vous donnerez à ce vieux proscrit de l'Empire, mon ami Gent, un collègue qui aspire à une gloire plus haute que celle d'être le Cambacérès d'Ernest Ier; où vous donnerez à l'implacable historien du régime de Décembre, à ce Taxile Delord qui fut votre député à l'Assemblée nationale et dont la mémoire est restée chère à toute la démocratie loyale, un successeur qui ne soit pas l'*enfant de chœur* que vous connaissez.

Messieurs, je lève mon verre aux républicains d'Avignon, à la victoire des républicains par l'union et pour la liberté !

VI

LA SENTINE

—

LE CRAPAUD

8 juillet.

J'ai lu quelque part l'histoire d'une belle princesse qui, voulant mettre à l'épreuve la vertu du chevalier dont elle était aimée, lui avait imposé les plus rudes travaux et les plus périlleux exploits. Tant qu'il ne s'agit que de combattre des monstres, des hydres et des lions, le preux chevalier allait à la bataille avec joie ;

Ce je ne sais quel dieu qui veut qu'on soit vainqueur

emplissait son âme, et les dangers les plus redoutables le faisaient sourire. Quand le jeune homme eut abattu ainsi l'un après l'autre tous les fauves de la région, la princesse lui dit : « Une dernière victoire et ma main est à vous. Il y a là-bas, der-

10.

rière la montagne, un marais hideux, où rampent des milliers de serpents gluants, où bourdonnent des nuées de mouches venimeuses, où l'on ne peut poser le pied sans avoir jusqu'à la ceinture le suintement ignoble d'une vase qui répand de méphitiques odeurs. Au milieu du marais, un crapaud infâme, de taille énorme, vomit jour et nuit une boue opaque et puante. Allez et tuez le crapaud ! » Le chevalier, qui n'avait hésité ni devant l'hydre aux cent têtes ni devant les lions et les tigres, eut un mouvement de dégoût et d'horreur. Le sang ne l'effrayait pas, mais la fange !... Il eut un frisson, puis il regarda la princesse, qui était de plus en plus belle, malgré, ou, peut-être, à cause de ses rigueurs, et qui s'appelait la Liberté, et il repartit en guerre. Il laissa sur la rive sa cuirasse, dont il n'avait plus besoin ; il chaussa des bottes d'égoutier et, se bouchant les narines, il entra dans le marais. Une pluie de bave tombait sur lui de toutes parts ; il marchait dans une fange épaisse de venins, de poisons et d'ordures ; il ne se rebuta pas, il alla au crapaud et le tua. Puis, ayant pris un bain parfumé, il revint auprès de la princesse, qui lui sauta au cou et l'épousa le soir même. Ils vécurent heureux et eurent naturellement beaucoup d'enfants.

Où j'ai lu ce conte, je ne sais plus, mais je sais que cette légende d'hier, c'est l'histoire d'aujourd'hui ; le chevalier qui, après avoir dompté tant de bêtes féroces, est engagé dans une dernière lutte contre des bêtes immondes, c'est le parti républicain. Ah ! le beau temps que celui de nos batailles contre des ennemis qui combattaient à armes courtoises, avec de franches épées, au grand soleil ! Aujourd'hui, c'est la bataille dans le marais, contre la calomnie, contre l'hypocrisie cauteleuse et perfide qui suinte la diffamation comme le serpent distille le venin, contre le chantage cynique qui rampe dans les dernières déjections, contre le mensonge qui donne à l'égout même d'où il est sorti la nausée. Eh bien, non, nous ne reculerons pas ; arrivés au but, non, nous n'hésiterons pas devant un dernier effort qui sera le plus héroïque de tous ; de quelques haut-le-cœur que nous soyons secoués, nous irons jusqu'au bout et nous remporterons la victoire, qui te donnera à jamais à nous, ô Liberté !

La majorité républicaine, à deux et trois reprises, a flétri les diffamateurs, livré au mépris public la bande qui a organisé cette abominable campagne contre la représentation nationale. C'est bien, mais cela ne suffit pas. Il faut encore, et au plus vite, traîner devant les tribunaux ce syndicat d'insulteurs. Le jury n'a pas hésité à envoyer en prison le tonnelier de Nîmes. Pourquoi reculerait-il devant les continuateurs de M. Numa Gilly ? Que la Chambre y prenne garde : des séances comme celle de lundi font plus pour déconsidérer le régime parlementaire que toutes les déclamations de M. Boulanger, que toutes les invectives des vengeurs que ce général

entretenu a armés pour la querelle de la Vertu.
C'est par la question préalable qu'il faut répondre désormais aux interpellations du parti de l'ordure. La sanction est ailleurs : elle est devant les tribunaux, devant le jury. Vous avez des lois sur la diffamation, sur la calomnie. Pourquoi les laissez-vous dormir ? Réveillez-les !

LA LOI NÉCESSAIRE

5 juillet.

« Mais partez donc ! Vous nous écœurez ! Assez
« de scandale, assez de tapage ! Filez, disparaissez,
« allez-vous-en !... » Vous entendez bien que l'on ne peut parler ainsi qu'à la Chambre ; on le lui crie de tous les côtés : « Va-t'en, tu sens la fièvre ! » Et quelle fièvre ! la fièvre des marais croupissants, où il suffit d'une pierre qui tombe pour emplir l'air de souffles empoisonnés... Hé ! oui, qu'elle s'en aille, cette Chambre infortunée, marquée par la fatalité, qui a fait du régime parlementaire un art incohérent, dont les meilleures intentions ont été brisées,

mais dont la majorité républicaine, malgré ses erreurs et malgré ses fautes, peut au moins jurer à
son honneur que, du jour où la lumière s'est faite
pour elle, où elle a reconnu l'odieuse menace de dictature, elle s'est soulevée dans un beau mouvement
de protestation unanime et que le drapeau de la
Liberté, qui lui était confié, a été vaillamment défendu. Qu'elle parte donc ; mais, puisque son titre
devant l'histoire est dans sa résistance inflexible à
l'abominable entreprise césarienne, qu'elle ne parte
pas sans avoir voté la loi nécessaire, la loi sur les
candidatures plébiscitaires, la loi sur les sanctions
pénales de l'inéligibilité ! On a pu réveiller les justes
lois de la République sans le concours de la Chambre. Mais la loi nécessaire, elle seule peut la donner, elle seule !

Les mots manquent pour dire l'immense dégoût dont les dernières séances de la Chambre nous
ont soulevés : cette droite royaliste, qui avait été le
parti de l'honneur, se vautrant dans la fange pour
éclabousser ses ennemis ; la tribune française changée en un vaste dépotoir de calomnies et de mensonges, ces gentilshommes qui trahissent leur mandat, ces forcenés qui mettent le poing sous le nez
des ministres sans autre châtiment que de vaines
flétrissures... Eh bien, mieux vaut cent fois affronter
encore pendant huit jours le retour de ces ignominies que de partir sans avoir voté la loi nécessaire,
sans laquelle les justes lois seraient sans sanction !

Je vais jusqu'au bout de ma pensée : pour voter la loi qui interdit les candidatures plébiscitaires, qui annule et supprime les bulletins de vote au nom des candidats inéligibles, qui envoie en police correctionnelle les imprimeu.s d'affiches et de bulletins au nom de ces candidats et, avec les imprimeurs, les afficheurs et les distributeurs, qui frappe les auteurs de ces délits d'amende et de prison, cette loi qui interdira de bafouer et de violer la loi elle-même du suffrage universel au profit de la plus détestable des conspirations et des rébellions contre la République, il ne faut reculer devant rien pour la voter, — je dis bien et je n'hésite pas une minute à m'en expliquer, — il ne faut reculer devant rien. La Droite, quand cette loi viendra à l'ordre du jour, — et il faut qu'elle y vienne d'urgence, avec un projet qui devra être discuté séance tenante, voté comme une véritable loi de salut public, — la Droite se prêtera-t-elle à une discussion sensée, paisible, courtoise, de la mesure dont chacun de ses membres, dans sa conscience intime, reconnaît cependant l'incontestable et souveraine légitimité ? Vous ne nous prenez pas pour des imbéciles ; nous ne faisons pas cette injure à la Droite. Nous savons que l'obstruction sera forcenée, que chaque ligne, chaque mot, chaque virgule du projet sera l'objet d'un tumulte et d'un scandale ; que tous ces grands seigneurs, voyant échapper leur dernière chance d'étrangler « la gueuse », se rueront tête baissée contre la Loi comme des crocheteurs ivres, et qu'une pluie d'outrages, d'injures, de diffamations, de vilenies sans nom dans aucune langue s'abattra de nouveau sur la majorité républicaine.

Donc à cette obstruction qui, elle, a un nom, qui est la révolte, il faut que la majorité républicaine, se retrouvant, se ressaisissant une dernière fois avec courage, ait l'énergie d'opposer, sans peur et sans scrupule, les procédés conventionnels. M. Gladstone, le plus grand homme d'État libéral de ce siècle, n'a pas craint d'y recourir pour faire voter autrefois par la Chambre des communes le bill de répression contre la *League* irlandaise. Que la majorité, que le ministère n'hésitent pas davantage! La liberté de la tribune n'a pas de défenseur plus résolu, plus impénitent que nous. Mais à ceux qui font systéma tiquement de la tribune une boîte à ordures et qui, non moins systématiquement, transforment l'enceinte législative en une arène, il n'y a plus à répondre que par des coups énergiques, répétés, de majorité. Puisque le scandale à jet continu est devenu toute la politique de la Droite, continuer de s'adresser à la conscience de gens qui n'en ont plus serait pis qu'une naïveté. Il faut désormais que la parole soit retirée à la première insulte, l'expulsion prononcée au premier outrage. Vous voulez tâter de la politique révolutionnaire? Soit! tâtez-en! Comme à Fontenoy, nous vous convions à tirer les premiers ; mais, comme à Fontenoy, quand vous aurez tiré les premiers, ne vous plaignez pas s'il vous est riposté par la fusillade nourrie que vous aurez provoquée.

La Chambre n'a qu'un moyen, un seul, de sauver l'honneur du régime parlementaire que vous avez comploté d'enliser dans la fange : c'est de vous appliquer avec une rigueur tenace et invincible, pendant les huit ou dix jours de vie qui lui restent, les dernières sévérités du règlement : l'interdiction de la parole et l'expulsion.

La Chambre n'a qu'un moyen, un seul, de sauver le suffrage universel du piège infâme que lui tendent les fauteurs de dictature, de restauration et de plébiscite : c'est de voter la loi sur les élections multiples et sur les sanctions électorales.

Si j'en crois les dispositions qui se manifestaient hier dans les couloirs, la Chambre fera son devoir jusqu'au bout.

LA SECTION HONTEUSE

10 juillet.

Il y a deux mois, quand l'Exposition s'ouvrit, quand la France entière s'élança, joyeuse et fière, à cette apothéose du travail et de la paix où elle avait convié le monde, IL fit semblant, à la façon des très vieilles courtisanes, d'avoir un frisson de pudeur, et, la main sur le troisième bouton de sa redingote, il jura : « Non, je ne troublerai pas cette « fête ; je veux rester coi pendant quelques semai- « nes ; je veux faire ce sacrifice, le premier, à mon « pays : je ne dérangerai pas sa trêve. Il demande en « grâce de vaquer tranquillement à ses affaires et à « ses plaisirs : je lui octroie cette grâce et je fais « rentrer dans l'outre les vents déchaînés. Je n'au- « rais qu'un mot à dire pour lancer à travers ces « belles réjouissances et cette revue de toutes les « gloires nationales mes tumultes ordinaires qui sa- « lissent tout ce qu'ils touchent. Ce serait une mau- « vaise action ; je fais serment que je ne la commet- « trai pas ! »

Naturellement, c'était un mensonge de plus.

Comment! la France, la France républicaine et
libre, aurait eu le loisir, pendant quelques jours, de
ne faire admirer à l'Europe accourue en foule que
les merveilles de son industrie, les chefs-d'œuvre de
l'art, les audaces superbes de la science! A côté de
tout ce qui lui fait honneur et gloire, il n'y aurait
pas un cabinet d'horreurs, une section de honte
et d'infamie! Non, non, le boulangisme ne peut pas
être absent de la fête, de l'exhibition universelle! Et
l'homme avait à peine prêté son serment devant
Chincholle que les ouvriers de la boulange se met-
taient à la tâche avec une activité furieuse.

« La galerie des machines, le Palais des Arts
« libéraux, l'exposition décennale et l'exposition cen-
« tennale des beaux-arts, les fermes et les ateliers
« modèles, l'histoire du travail, quoi! notre hôte
« étranger, c'est à ces misérables spectacles que tu
« reconnais la France? Passant, détourne-toi, viens
« ici : voici notre pavillon à nous, notre travail à
« nous, la calomnie bavant à jet continu sur le gou-
« vernement qui représente la patrie, la diffamation
« qui laisse sa trace visqueuse sur toute renommée,
« la corruption louche qui détourne les soldats du
« service et fait d'un officier loyal un insulteur de
« l'armée, le scandale dans le Parlement, la pluie
« d'outrages et d'injures, l'égout retourné, le lan-
« gage des halles à la tribune de la Chambre, au
« prétoire et dans la presse, les rixes quotidiennes
« dans la rue avec les agents de la force publique,

« les déclamations furibondes contre le chef de l'État
« et la représentation nationale, partout la boue, la
« fange, le poison, la violence grossière et le men-
« songe. Viens! voilà la section boulangiste à l'Ex-
« position universelle du Centenaire de 1789! Ap-
« proche, noble étranger, et regarde! Devant l'autre
« Exposition, l'envie te mordait au cœur; cette
« France régénérée, transformée, rajeunie, te pa-
« raissait trop belle, trop riche, trop radieuse ; tu
« admirais, mais tu jalousais. Viens! je vais dissi-
« per ton envie et la changer en un joyeux dégoût.
« Vois-tu cette bande de fantoches, de coupe-jarrets,
« de diffamateurs à tant la calomnie, de soldats fé-
« lons? Regarde-la bien. Pour célébrer la date im-
« mortelle de la Révolution, c'est à cette bande, qui
« est la mienne, que la France va se donner. Main-
« tenant, tu peux retourner, l'âme rassérénée, dans
« ton pays. Quand les petits enfants te diront :
« Tu reviens de Paris, tu as vu les splendeurs de
« l'Exposition? » ô doux ami, tu répondras : « Oui,
« mais j'ai vu aussi le boulangisme! » Et alors, moi,
« je n'aurai pas été un ouvrier oisif; moi aussi, j'au-
« rai fait mon œuvre. O France! pendant que tous
« travaillaient à t'honorer devant le monde, moi,
« j'aurai fait ma besogne et je n'aurai rien épargné
« pour te couvrir de honte! »

Ce résumé des agitations boulangistes depuis
deux mois, qui se lèvera pour dire qu'il n'est pas
conforme à la vérité, que je n'en ai pas plutôt atté-

nué les couleurs?... La misère dégradante et basse qui pousse aux pensées de meurtre, la nuit d'hiver où l'on rôde autour de la maison abandonnée, l'escalade sinistre du mur, ces deux vieillards assassinés par derrière et versant le sang par vingt blessures, la fuite lugubre devant le gendarme, la main de fer de la loi prenant le fugitif au collet, la prison humide, le banc de la cour d'assises, le long procès devant les regards curieux braqués sur la bête féroce, l'agonie des dernières minutes, la toilette funèbre, la place de la Roquette frémissante à l'aube, la foule hideuse, le couperet rouge de la guillotine, l'herbe grasse de Clamart, Campi, ô toi qui savais te taire ! cela n'est rien ; le voici, le châtiment : avoir un frère comme celui-là !

LA LOI DU TALION

12 juillet.

Nous avions projeté d'écrire l'histoire du parti
boulangiste sous ce titre : « Une ignominie par
jour. » Il nous faut renoncer à ce titre qui a cessé
d'être vrai : c'est par douzaine d'ignominies que la
bande célèbre chaque jour le centenaire de la Révolution en présence, ô honte! de l'Europe accourue
à la fête de l'Exposition universelle.

Une tristesse, un dégoût immense nous envahis-
sent. Voilà où nous en sommes réduits! Nous ne
marchons plus que dans la boue ; comme jadis une
pluie de cendres sur les villes maudites, une pluie
de fange tombe sur la France. Des erreurs, des
fautes graves ont été commises, et nous savons que
tout s'expie. Mais vraiment, non, nous n'avons pas
mérité cette humiliation de chaque heure, l'enlise-
ment dans ce marais ! Voici un grand parti, un
grand pays qui ont fait le rêve généreux de fonder
la liberté, de faire de la démocratie émancipée le
régime du droit, de l'égalité et de la justice, et tout
est arrêté, brisé, paralysé, souillé, parce qu'une

tourbe d'hommes sans aveu, sans conscience et sans pudeur s'est jetée en travers de notre route et, retournant la liberté contre la liberté, a formé le dessein de jeter la France en pâture au plus détestable des aventuriers et des escrocs.

Des républicains se sont trouvés qui, devant la menace chaque jour grandissante de cette entreprise scélérate, ont réveillé les lois endormies, et pour sauver non seulement la République, mais l'honneur même de la patrie, ont dit à cette bande : « Tu n'iras pas plus loin ! » Aussitôt, contre tous ceux qui avaient fait leur devoir, ministres, députés, sénateurs, magistrats, l'égout boulangiste, ouvrant sa gueule fétide, a vomi et n'arrête pas de vomir un flot tous les jours grossissant de calomnies et de mensonges. Le scandale est un système savamment conçu, exécuté à froid, avec un cynisme qui défie jusqu'aux sévérités de la langue. On menace les fonctionnaires qui ne trahissent pas de représailles sans pitié pour le jour où l'on aura mis la main sur la caisse, et je rougis de dire que les fonction naires ne sont pas nombreux qui, mettant leur conscience au-dessus de tous les défis et de tous les dangers, répondent à ces injonctions comme le faisait hier, à la cour d'assises de la Seine, M. l'avocat général Sarrut, magistrat pauvre et intègre, père de neuf enfants : « Quoi ! contre ce soldat rebelle, » exclu de l'armée par un jugement unanime de ses » pairs, pour manquements répétés à la discipline,

» fauteur de discordes, chef de bande semant à
» pleines mains, dans un but corrupteur, un or
» puisé à des sources inconnues et inavouables, il
» n'aurait existé ni lois ni tribunaux ! Eh bien ! moi,
» je n'eusse pas hésité, personnellement, à requérir
» la mise en accusation du « général » Boulanger
» et de sa suite !... Vous pouvez prendre acte de
» cette déclaration, vous qui dressez déjà vos listes
» de proscription ! »

Non, il ne se rencontre pas assez d'hommes pour
tenir ce mâle langage : les molles complaisances
sont à l'ordre du jour ; c'est à qui se réservera une
porte de sortie. Naturellement, devant la trahison
des uns, devant la faiblesse des autres, dans l'universelle impunité, l'audace des conspirateurs de
grande route s'en va croissant. On a beau prendre
la main dans le sac, l'un après l'autre, ces cheva-
liers de la vertu ; leur propre infamie, cent fois dé-
montrée, n'est rien, et la diffamation redouble. Il
n'y a plus d'honneur professionnel, de secret d'Etat.
Un député, un ancien sous-secrétaire d'Etat, pour-
suivant une méprisable vengeance, — ç'a été la
première ignominie de la journée d'hier, — livre à
M. de Rochefort la copie d'une dépêche confiden-
tielle, dépêche qui ne prouve rien contre le ministre
qu'elle vise, qui n'est qu'une série de ragots de
portière, — l'envoi de cette missive imbécile n'a
coûté, soit dit en passant, que la bagatelle de
25,000 francs, — et qui se retourne terrible, acca-

blante, contre le malheureux qui l'a signée. Et cette forfaiture, pour qui, dans tout autre pays, sous les régimes les plus libres, il n'y aurait pas de répression assez dure, reste impunie ! Et on s'est tellement habitué à la perversion de tout, à la corruption des institutions et des lois, que cette vilenie passe presque inaperçue, qu'un cri unanime de réprobation n'en a pas encore cloué l'auteur au pilori !

Alors l'ambition de la bande s'accroît enco. 9 : le papier souffre tout, c'est bien ; qu'il en soit de même de la tribune ! Et dans cette enceinte où la Loi prend naissance, à cette tribune qui a entendu Gambetta et Berryer, voici M. Laguerre qui lance à jet continu le défi, l'outrage grossier et stupide au gouvernement de la République, aux élus du suffrage universel, à la Haute Cour de justice.

Mais l'enfant de chœur de M. Boulanger ne s'en tient pas à l'injure haineuse et vile : il a juré à son maître d'offrir à l'Europe qui nous regarde des scandales plus relevés. Il est rappelé à l'ordre : il ricane. La majorité républicaine lui retire la parole : il reste à la tribune. La Chambre prononce son expulsion : il ne bouge pas, soutenu dans sa révolte par les vociférations des complices habituels de ses désordres, par les applaudissements de cette droite royaliste qui fut le parti de la dignité parlementaire et qui n'a plus d'autre joie que de salir et de souiller ce qui fut son honneur et ce qui est resté l'hon-

neur d'un pays libre ! Le président de la Chambre
a refusé de donner à cette coalition de mauvais
citoyens la satisfaction d'ajouter au scandale en faisant arracher M. Laguerre de la tribune par les
soldats de garde. C'eût été insulter à la mé.noire
de Manuel, c'eût été déshonorer les soldats prépo-
sés à la garde de l'Assemblée. M. Méline a préféré
lever la séance, se retirer.

Hé ! oui, sans doute, M. Méline et, avec lui, la
majorité ont eu raison de se retirer hier, sans autre
démonstration, livrant au mépris public M. Laguerre et ses complices. Mais aujourd'hui, mais
demain et après-demain, faudra-t-il continuer à ca-
pituler silencieusement, la honte dans l'âme ? Car
c'est un système : ce n'est pas un accident de séance
qui a fait la scène odieuse d'hier ; elle était prémé-
ditée, réglée d'avance dans ses moindres détails ;
une heure avant la séance, les initiés la racontaient,
l'annonçaient à qui voulait les entendre, ajoutant
avec un aimable sourire qu'on recommencerait à
chaque séance, M. Laguerre d'abord, puis, après
l'expulsion prévue, escomptée de ce personnage,
M. Le Hérissé, M. Laisant, M. Andrieux, M. Laur,
jusqu'à ce que la Chambre, lasse, épuisée, hale-
tante, écœurée, n'en pouvant plus, vidât les lieux,
s'en allât, s'enfuît, disparût sans avoir voté le budget, que le Sénat a cru devoir modifier sur quelques points, sans avoir voté surtout la loi sur les
candidatures plébiscitaires, expirant dans une su-

prême impuissance, laissant la République désarmée, livrant l'avenir au hasard.

Voilà le plan déposé chez le notaire de M. Boulanger, voilà le dessein arrêté, la semaine passée,
chez le « général », le pacte scellé avec la Droite.
Et je demande alors au ministère, à la majorité républicaine : Oui ou non, allez-vous tomber dans le
piège, dans le panneau qu'on ne prend même pas
la précaution de dissimuler? Oui ou non, allez-vous,
par une désespérance finale, faire le jeu du factieux
que vous avez combattu jusqu'à présent avec courage et qui n'a plus qu'une chance, une seule : aller
aux élections générales sans que la loi sur les candidatures plébiscitaires ait été votée?

Car il faut être aveugle, trois et quatre fois frappé
de cécité pour ne point le voir : le dernier atout de
la tourbe césarienne est là. Qu'importe à ces coupe-
jarrets que la Haute Cour les flétrisse? Qu'importe
au concussionnaire de bas étage qui est leur chef
qu'un tribunal militaire le dégrade et le condamne?
Plus il sera flétri, déshonoré, convaincu de toutes
les vilenies, plus la coalition des parties de monarchie et de dictature votera et fera voter pour lui.
Où le père a passé passera bien l'enfant. Mais où
passe Boulanger, il est démontré que tous les boulangistes ne passent pas. Par conséquent le plan est
là : faire nommer le « général » dans les cinquante
circonscriptions où les yeux des électeurs s'ouvri-
raient devant la candidature d'un Vergoin ou d'un

Breteuil, où le boulangiste de droite ou de gauche, démasqué, dévoilé, convaincu d'imposture, serait hué et conspué...

Je comprends qu'hier matin, avant la séance, de bons esprits aient pu hésiter encore sur l'utililité, sur l'impérieuse nécessité de la loi. Après la séance, il n'est plus permis de ne pas comprendre. Ce n'est pas pour le stérile plaisir de jeter à pleines charretées l'ordure sur le régime parlementaire que la faction boulangiste et la Droite ont conclu leur traité d'obstruction ; il ne faut jamais prendre ses ennemis, ceux-là même qu'on méprise le plus, pour de simples imbéciles. Cette obstruction n'a qu'un but : la séparation des Chambres sans le vote de la loi que j'ai appelée — je savais bien pourquoi — la loi nécessaire.

Eh bien ! alors, le devoir de tous les républicains est clair, net, catégorique ; aucune hésitation n'est possible. A tout prix, il faut voter la loi, ne pas aller aux élections sans la loi, la loi de salut public !... A tout prix, ai-je dit ; mais, voyons, vraiment, le prix dont il s'agit est-il si cher ? Qu'avez-vous devant vous ? Quoi ! dix, douze, quinze, vingt individus, — et quels hommes ! — qui ont juré d'empêcher, par des tumultes et des scandales sans cesse recommencés, la Chambre de siéger, de délibérer, de légiférer... Et il dépendrait de ces vingt braillards de vous empêcher de sauver le suffrage universel, la liberté, la République, l'honneur même de la patrie ! Comment ! au premier tumulte, où toute la compagnie donnera comme un seul homme, il suffit d'un simple vote par assis et levé pour expulser en bloc toute la troupe et pour assurer, non pas le jour même, car ils se cramponneront d'abord à leurs bancs comme M. Laguerre, hier, à l'acajou de la tribune, mais pour assurer dès le lendemain la dignité et la liberté de vos délibérations.

Et vous hésiteriez à rendre ce vote de propreté parlementaire ! Ces vingt individus expulsés, chassés, proscrits de l'enceinte où ils ne pourront plus essayer de pénétrer sans commettre un délit qui permettra de les envoyer immédiatement dans « le local approprié », cette saine besogne faite, vous pouvez, vous, députés républicains, achever la législature en paix et voter la loi de salut, après avoir assuré le budget de 1890. Et vous reculeriez!... Est-ce qu'ils reculent, eux, les uns ou les autres, ceux de droite et ceux de gauche, devant les moyens révolutionnaires ?.. La loi du talion est, elle aussi, une juste loi. Ils sont entrés hier, tous sans exception, de M. Laguerre à M. de Mackau, de M. Andrieux à M. Laisant, dans la voie révolutionnaire. — M. Méline lui-même l'a constaté... Vous ne ferez que les y suivre : suivez-les !

LA PROPOSITION DES QUESTEURS

14 juillet.

L'expérience, pourtant, sert quelquefois de quelque chose : le parti républicain a adopté, cette fois, *la proposition des questeurs ;* la loi qui interdit les candidatures plébiscitaires, la loi nécessaire est votée.

Je crois qu'en entrant hier en séance la majorité républicaine avait pris son parti. Pour démontrer l'impérieuse urgence de la loi, il n'était pas besoin de discours : la furie de la droite royaliste et de la boulange suffisait.

Après M. Laguerre, Manuel-Scapin, la Chambre, au début de la discussion, a eu l'édifiant spectacle de M. Le Hérissé, Manuel-Pantalon.

On sentait que le dernier espoir, la dernière arme échappait aux factions coalisées contre la République. Si la loi sur les candidatures multiples ne détruit pas le plan qui a été concerté entre les prétendants expulsés et M. Boulanger, pourquoi, sur tous les bancs de la droite, ces cris de colère et de rage, alors qu'autrefois, à l'Assemblée nationale,

c'était un député de droite, et non le moins considérable, M. Batbie, qui avait pris la première initiative de cette mesure? Pour corriger les jeunes
Spartiates de la débauche, on leur montrait des
îlotes ivres ; c'était assez. Il a suffi de montrer au
parti républicain l'exaspération forcenée de tous
les hommes de monarchie et de dictature contre la
loi.

Mais si la conscience du parti républicain a été
vite éclairée par le spectacle de ces incroyables
fureurs, il était bon qu'une voix autorisée rappelât
au pays que le suffrage universel, s'il est le souverain légitime, n'est pas cependant un souverain
absolu que rien ne défend contre lui-même, et que
refuser de faire de lui un despote d'Asie, aux ca-
prices sans frein, aux fantaisies sans garde-fou, ce
n'est point l'honorer, c'est lui faire injure.

M. Henri Brisson a été cette forte voix, et les républicains n'auront jamais assez de reconnaissance
à ce bon citoyen pour le discours qu'il a prononcé
hier. Non, nous ne recommencerons plus l'erreur
sanglante de Michel de Bourges confiant la garde
de la République et de la Liberté à la seule « Sentinelle invisible »! La sentinelle s'est endormie
pendant une heure ; et le lendemain, à l'aube de
Décembre, la Liberté était jugulée, la République
râlait avec un couteau au flanc...

Ceux qui ont vu ces choses, ceux qui en ont vu l'expiation terrible, n'ont pas le droit de renouveler la même folie. Il y a une sentinelle qui ne s'endort jamais, c'est la Loi: armons la Loi!

Et, maintenant, que Gilles-César essaye de passer le Rubicon!

Paris. — Imp. Paul Dupont (Cl.) 600.7.99